It-Tisjir Dlam
Riċetti Tradizzjonali Għal Tisjir Lenti u Bemgħa

Maria Azzopardi

Sommarju

Tiġieġ tal-lumi Slow Cooker 24

INGREDJENTI 24

PREPARAZZJONI 24

Slow cooker mimli sider tat-tiġieġ 25

INGREDJENTI 25

PREPARAZZJONI 25

Tiġieġ Slow Cooker Dijon 27

INGREDJENTI 27

PREPARAZZJONI 27

Tiġieġ Spanjol biż-żebbuġ u t-tadam 28

INGREDJENTI 28

PREPARAZZJONI 28

Tiġieġ Crockpot Pikkanti Biz-Zalza tal-Ġamm taċ-Ċipotle 29

INGREDJENTI 29

PREPARAZZJONI 29

Riċetta Swiss Chicken Casserole, Crock Pot 31

INGREDJENTI 31

PREPARAZZJONI 31

Tiġieġ tal-Mustarda tal-Għasel Tami 32

INGREDJENTI 32

PREPARAZZJONI 32

Lemon Tami Bżar Tiġieġ, Slow Cooker 33

INGREDJENTI 33

PREPARAZZJONI 33

Tawny's Crock "Pop" Tiġieġ 34

INGREDJENTI 34

PREPARAZZJONI 34

Chilli Abjad Bit-Tiġieġ 35

INGREDJENTI 35

PREPARAZZJONI 36

Will's Chicken Chili għall-cooker bil-mod 37

INGREDJENTI 37

• side dishes fakultattivi 37

PREPARAZZJONI 38

Bżar tad-dundjan imqatta' 39

INGREDJENTI 39

PREPARAZZJONI 40

Sider tad-dundjan bit-tuffieħ u l-cranberry 41

INGREDJENTI 41

PREPARAZZJONI 41

Sider tad-dundjan bi zalza tal-cranberry oranġjo 43

INGREDJENTI 43

PREPARAZZJONI 44

Dundjani tal-cranberry fi crockpot 45

INGREDJENTI 45

PREPARAZZJONI 45

Crockpot Turkey Bil-Krema Qarsa 46

INGREDJENTI 46

PREPARAZZJONI 47

Sandwichs tat-Turkija 48

INGREDJENTI 48

PREPARAZZJONI 48

Crockpot Turkey Bit-Tewm 49

INGREDJENTI 49

PREPARAZZJONI 49

Zalza tal-Għaġin tat-Turkija mitħun 50

INGREDJENTI 50

PREPARAZZJONI 51

Ground Turkija Sloppy Joes 52

INGREDJENTI 52

PREPARAZZJONI 53

Cassoulet faċli bil-mod cooker 54

INGREDJENTI 54

PREPARAZZJONI 55

Saqajn tad-dundjan grilled mill-gżira 56

INGREDJENTI 56

PREPARAZZJONI 57

Sider tad-dundjan bil-ħxejjex aromatiċi u lumi 58

INGREDJENTI 58

PREPARAZZJONI 58

Slow Cooker Turkija u Ross Selvaġġ 59

INGREDJENTI 59

PREPARAZZJONI 60

Slow cooker dundjani u ħaxix 61

INGREDJENTI 61

PREPARAZZJONI 62

Sider tad-dundjan bi zalza tal-larinġ u cranberries 63

INGREDJENTI 63

PREPARAZZJONI 63

Turkija Bil-Patata Ħelwa 64

INGREDJENTI 64

PREPARAZZJONI	64
Crock Pot Turkija u Ross	66
INGREDJENTI	66
PREPARAZZJONI	66
Sider tad-dundjan Easy Slow Cooker	67
INGREDJENTI	67
PREPARAZZJONI	67
Kejk Tamale bit-Turkija mitħun	68
INGREDJENTI	68
PREPARAZZJONI	68
BBQ Turkija	69
INGREDJENTI	69
PREPARAZZJONI	69
Crockpot Türkiye u Quesadillas	70
INGREDJENTI	70
PREPARAZZJONI	71
Sider tad-dundjan bil-ġamm	72
INGREDJENTI	72
PREPARAZZJONI	72
Slow Cooker Turkey and Brokkoli Casserole	73
INGREDJENTI	73

PREPARAZZJONI 74

Slow Cooker Turkey Pie 75

INGREDJENTI 75

PREPARAZZJONI 76

Turkija fil-gravy 77

INGREDJENTI 77

PREPARAZZJONI 77

Türkiye Madeira 78

INGREDJENTI 78

PREPARAZZJONI 78

Saqajn tad-dundjan Ranch 79

INGREDJENTI 79

PREPARAZZJONI 79

Crockpot Turkey and Rice Casserole 81

INGREDJENTI 81

PREPARAZZJONI 81

Stew tad-dundjan bil-faqqiegħ u l-krema qarsa 82

INGREDJENTI 82

PREPARAZZJONI 83

Easy Crockpot Turkey Tetrazzini 84

INGREDJENTI 84

PREPARAZZJONI 85

Vickie's spaghetti sauce biz-zalzett tad-dundjan 86

INGREDJENTI 86

PREPARAZZJONI 87

Sider tad-dundjan braised bl-inbid 88

INGREDJENTI 88

PREPARAZZJONI 89

Betty tuffieħ 90

INGREDJENTI 90

PREPARAZZJONI 90

Butir tat-tuffieħ 91

INGREDJENTI 91

PREPARAZZJONI 91

xApple-Coconut Crisp 92

INGREDJENTI 92

PREPARAZZJONI 92

Tqarmeċ tat-tuffieħ u cranberry 94

INGREDJENTI 94

PREPARAZZJONI 94

Kompota Ta Tuffieħ U Blueberries 95

INGREDJENTI 95

PREPARAZZJONI 95

Pudina tat-tuffieħ u tad-data 96

INGREDJENTI 96

PREPARAZZJONI 97

Cheesecake tat-tuffieħ u l-ġewż 98

INGREDJENTI 98

• Mili: 98

• Gasket: 98

PREPARAZZJONI 99

Torta tat-tuffieħ tal-Kafè 100

INGREDJENTI 100

PREPARAZZJONI 100

Torta tal-pudina tat-tuffieħ 102

INGREDJENTI 102

PREPARAZZJONI 103

Ħobż tal-Ġewż tal-Berquq 104

INGREDJENTI 104

PREPARAZZJONI 105

Tuffieħ imsajjar 106

INGREDJENTI 106

PREPARAZZJONI 106

Tuffieħ moħmi II	107
INGREDJENTI	107
PREPARAZZJONI	107
Custard moħmi	108
INGREDJENTI	108
PREPARAZZJONI	108
Ħobż tal-banana	109
INGREDJENTI	109
PREPARAZZJONI	110
Ħobż tal-Ġewż tal-banana	111
INGREDJENTI	111
PREPARAZZJONI	111
Banana konfettura	113
INGREDJENTI	113
PREPARAZZJONI	113
tuffieħ Carmel	114
INGREDJENTI	114
PREPARAZZJONI	114
Fondue tal-karamella tar-rum	116
INGREDJENTI	116
PREPARAZZJONI	116

Ċirasa tqarmeċ 117

INGREDJENTI 117

PREPARAZZJONI 117

Mazzi Taċ-Ċikkulata 118

INGREDJENTI 118

PREPARAZZJONI 118

Crockpot tal-frott tal-baħar 119

INGREDJENTI 119

PREPARAZZJONI 120

Flan Ta Salamun U Patata 121

INGREDJENTI 121

PREPARAZZJONI 121

Kreol tal-gambli 121

INGREDJENTI 121

PREPARAZZJONI 122

Gambli ħelu u qares 124

INGREDJENTI 124

PREPARAZZJONI 124

Tonn Tagliatelle Casserole 126

INGREDJENTI 126

PREPARAZZJONI 126

Tonn Noodle Casserole #2 127

INGREDJENTI 127

PREPARAZZJONI 127

Insalata tat-Tonn Casserole 128

INGREDJENTI 128

PREPARAZZJONI 128

Fażola Abjad U Tadam Bit-Tonn 129

INGREDJENTI 129

PREPARAZZJONI 129

Will's Cioppino Crockpot 130

INGREDJENTI 130

PREPARAZZJONI 131

Cutlet tat-tuffieħ u tal-berquq 132

INGREDJENTI 132

PREPARAZZJONI 133

Flett tal-majjal bit-tuffieħ 134

INGREDJENTI 134

PREPARAZZJONI 134

Zalzett Tuffieħ Bil-Basla U Zalza Mustarda 135

INGREDJENTI 135

PREPARAZZJONI 135

Iz-zija Bar-B-Q 136

INGREDJENTI 136

PREPARAZZJONI 136

Majjal Ixwi tal-Ħarifa 137

INGREDJENTI 137

PREPARAZZJONI 137

Fażola Lima Bil-Majjal HamBar-BQ 138

INGREDJENTI 138

PREPARAZZJONI 139

Majjal Grilled 140

INGREDJENTI 140

PREPARAZZJONI 140

Ixwi tal-Majjal Grilled 141

INGREDJENTI 141

PREPARAZZJONI 141

Kustilji barbecue fuq stil ta' pajjiż 142

INGREDJENTI 142

PREPARAZZJONI 142

Boston Butt BBQ 143

INGREDJENTI 143

PREPARAZZJONI 143

Fażola u Hot Dogs 144

INGREDJENTI 144

PREPARAZZJONI 144

Bigos 145

INGREDJENTI 145

PREPARAZZJONI 145

Chops tal-majjal ma blackbird 146

INGREDJENTI 146

PREPARAZZJONI 146

Crockpot Black Eyed Peas u Peržut 147

INGREDJENTI 147

PREPARAZZJONI 147

Chops tal-majjal braised 148

INGREDJENTI 148

PREPARAZZJONI 148

Flett tal-Majjal Braised 149

INGREDJENTI 149

PREPARAZZJONI 150

Flett tal-Majjal Biż-Zokkor Kannella 151

INGREDJENTI 151

PREPARAZZJONI 151

Cutlets tal-farfett u patata 153

INGREDJENTI 153

PREPARAZZJONI 153

Kaboċċi u Bratwurst 154

INGREDJENTI 154

PREPARAZZJONI 154

Cassoulet bil-majjal u l-fażola 155

INGREDJENTI 155

PREPARAZZJONI 156

Kustilji stil Catalina 157

INGREDJENTI 157

PREPARAZZJONI 157

Chalupas 158

INGREDJENTI 158

PREPARAZZJONI 159

Chops tal-majjal taċ-ċirasa f'qasrija tal-ħsad 160

INGREDJENTI 160

PREPARAZZJONI 160

Majjal mixwi igglejżjat taċ-ċirasa 161

INGREDJENTI 161

PREPARAZZJONI 161

Cutlet tat-tiġieġ moqli 163

INGREDJENTI 163

PREPARAZZJONI 164

Tiġieġ, zalzett u chili abjad tal-fażola 165

INGREDJENTI 165

PREPARAZZJONI 166

Chilli Hotdogs 167

INGREDJENTI 167

PREPARAZZJONI 167

Kustilji tal-pajjiż stil Ċiniż 168

INGREDJENTI 168

PREPARAZZJONI 168

Pranzu Ċiniż fi crock pot 169

INGREDJENTI 169

PREPARAZZJONI 169

Majjal mixwi Ċiniż 170

INGREDJENTI 170

PREPARAZZJONI 171

Choppin' John 172

INGREDJENTI 172

PREPARAZZJONI 172

Ċatni tal-flett tal-majjal 173

INGREDJENTI 173

PREPARAZZJONI 173

Majjal mixwi fis-sidru 175

INGREDJENTI 175

PREPARAZZJONI 175

Peržut tas-sidru ħelu 177

INGREDJENTI 177

PREPARAZZJONI 177

Mac 'n Cheese confetti bil-Peržut 178

INGREDJENTI 178

PREPARAZZJONI 179

Crockpot tal-qamħ u l-peržut 180

INGREDJENTI 180

PREPARAZZJONI 181

Scallops Corn, Peržut u Patata 182

INGREDJENTI 182

PREPARAZZJONI 183

Chops tal-majjal mimli bil-qamħ 184

INGREDJENTI 184

PREPARAZZJONI 185

Majjal tal-pajjiż bil-faqqiegħ 186

INGREDJENTI 186

PREPARAZZJONI 187

Kustilji stil peasant u sauerkraut 188

INGREDJENTI 188

PREPARAZZJONI 188

Majjal tal-pajjiż bil-faqqiegħ 189

INGREDJENTI 189

PREPARAZZJONI 189

Kustilji tal-majjal bit-tuffieħ u l-cranberries 190

INGREDJENTI 190

PREPARAZZJONI 190

Ixwi tal-Majjal Cran-Apple 192

INGREDJENTI 192

PREPARAZZJONI 192

Ixwi tal-Majjal tal-Cranberry 193

INGREDJENTI 193

PREPARAZZJONI 194

Perżut Krema u Brokkoli 195

INGREDJENTI 195

PREPARAZZJONI 196

Majjal kremuż 197

INGREDJENTI 197

PREPARAZZJONI 198

Flett tal-majjal krema bil-ħaxix 199

INGREDJENTI 199

PREPARAZZJONI 200

Qxur kremi bil-perżut affumikat u ġobon 201

INGREDJENTI 201

PREPARAZZJONI 201

Tiġieġ Kreol Biz-Zalzett 202

INGREDJENTI 202

PREPARAZZJONI 202

Perżut tal-Fuħħar 204

INGREDJENTI 204

PREPARAZZJONI 204

Carnitas fi crock pot 205

INGREDJENTI 205

PREPARAZZJONI 205

Kustilji qosra jew kustilji crock 206

INGREDJENTI 206

PREPARAZZJONI 207

Crockpot Cola Ham 208

INGREDJENTI 208

PREPARAZZJONI 208

Chops tal-majjal glorifikat fi crock pot 209

INGREDJENTI 209

PREPARAZZJONI 209

Peržut moħmi 210

INGREDJENTI 210

PREPARAZZJONI 210

Crockpot Peržut U Patata 211

INGREDJENTI 211

PREPARAZZJONI 211

Tetrazzini crockpot ham 212

INGREDJENTI 212

PREPARAZZJONI 213

Tiġieġ bl-għasel u l-ġinġer 214

INGREDJENTI 214

PREPARAZZJONI 215

Tiġieġ grilled bl-għasel u patata ħelwa 216

INGREDJENTI 216

PREPARAZZJONI 217

Tiġieġ Hoisin tal-Għasel 218

INGREDJENTI 218

PREPARAZZJONI 219

Tiġieġ Taljan 220

INGREDJENTI 220

PREPARAZZJONI 221

Tiġieġ tal-lumi Slow Cooker

INGREDJENTI

- 1 fryer tal-laħam, imqatta ', jew madwar 3 1/2 £ biċċiet tat-tiġieġ
- 1 kuċċarina ta 'weraq ta' l-oregano imqadded imfarrak
- 2 sinniet tewm, ikkapuljat
- 2 imgħaref butir
- 1/4 tazza inbid niexef, sherry, brodu tat-tiġieġ jew ilma
- 3 imgħaref meraq tal-lumi
- Melħ u bżar

PREPARAZZJONI

1. Ħawwru l-biċċiet tat-tiġieġ bil-melħ u l-bżar. Roxx nofs it-tewm u l-oregano fuq it-tiġieġ.
2. Dewweb il-butir fi skillet fuq nar medju u kannella t-tiġieġ min-naħat kollha.
3. Ittrasferixxi t-tiġieġ fil-crockpot. Roxx bl-oregano u t-tewm li jifdal. Żid inbid jew sherry ma skillet u ħawwad biex itaffu l-biċċiet kannella; ferra fil-cooker bil-mod.
4. Għatti u sajjar fuq LOW (200°) għal 7-8 sigħat. Żid il-meraq tal-lumi l-aħħar siegħa.
5. Xkuma x-xaħam mill-meraq u ferra' fi skutella tas-servizz; meraq jeħxien, jekk mixtieq.
6. Servi t-tiġieġ mal-meraq.
7. Isservi 4.

Slow cooker mimli sider tat-tiġieġ

INGREDJENTI

- 6 nofsijiet tas-sider tat-tiġieġ bla għadam u bla ġilda
- 6 flieli rqaq tal-perżut
- 6 flieli rqaq ġobon Żvizzeru
- 1/2 tazza dqiq għal kull skop, miksi b'1/2 tsp
- melħ u niskata bżar
- 8 uqija ta 'faqqiegħ frisk imqatta'
- 1/2 tazza brodu tat-tiġieġ
- 1/2 tazza inbid abjad niexef jew Marsala
- 1/4 kuċċarina klin mitħun
- 1/4 tazza Parmesan maħkuk
- 2 kuċċarini ta 'lamtu tal-qamħirrum
- 1 tablespoon ta 'ilma kiesaħ
- Melħ u bżar għat-togħma

PREPARAZZJONI

1. Poġġi l-biċċiet tat-tiġieġ bejn 2 biċċiet ta 'karta tax-xama' jew wrap tal-plastik u ħabbat bil-mod sakemm iċċattjat b'mod uniformi. Poġġi slice 1 perżut u slice 1 ġobon fuq kull sider tat-tiġieġ; roll up u waħħlu bi toothpicks imbagħad għaddi d-dqiq imħawwar. Poġġi l-faqqiegħ fil-borma u poġġi t-tiġieġ wraps fuq il-faqqiegħ. Fi skutella separata, għaqqad l-istokk tat-tiġieġ, l-inbid u r-klin; ferra fuq it-tiġieġ.

2. Roxx bil-Parmesan. Għatti u sajjar fuq LOW għal 6 sigħat. Eżatt qabel ma sservi, għaqqad il-lamtu tal-qamħirrun u l-ilma. Neħħi t-tiġieġ; żid it-taħlita tal-lamtu tal-qamħirrun u ħawwad sakemm tiħaxxen. Żid il-melħ u l-karta għat-togħma. Ferra' z-zalza fuq it-tiġieġ u servi.
3. **Isservi 6.**

Tiġieġ Slow Cooker Dijon

INGREDJENTI

-
- 1 sa 2 liri ta 'sider tat-tiġieġ
- 1 bott krema kkondensata ta 'soppa tat-tiġieġ, mhux dilwit (10 1/2 uqija)
- 2 imgħaref mustarda ta' Dijon sempliċi jew grana
- 1 tablespoon lamtu tal-qamħirrum
- 1/2 tazza ilma
- bżar għat-togħma
- 1 kuċċarina qxur tat-tursin imnixxef jew 1 tablespoon tursin frisk imqatta'

PREPARAZZJONI

1. Aħsel it-tiġieġ u nixxfu; poġġi fi cooker bil-mod. Għaqqad is-soppa mal-mustarda u l-qamħirrum; żid l-ilma u ħawwad. Hallat it-tursin u l-bżar. Ferra t-taħlita fuq it-tiġieġ. Għatti u sajjar fuq LOW għal 6-7 sigħat. Servi ma' ross sħun imsajjar u ġenb ħaxix.
2. Ir-riċetta tat-tiġieġ Dijon sservi 4 sa 6.

Tiġieġ Spanjol biż-żebbuġ u t-tadam

INGREDJENTI

- 6 nofsijiet tas-sider tat-tiġieġ bla għadam u bla ġilda
- melħ u bżar bit-togħma
- żebbuġ misjur imqatta', 4 oz
- 1 bott (4 oz) faqqiegħ imqatta', imsaffi
- 1 bott (14.5 oz) tadam stewed
- Likwidu biex tkopri
- (birra, soppa tat-tadam jew zalza tat-tadam b'ammont ugwali ta' ilma jew brodu)

PREPARAZZJONI

1. Qatta' sider tat-tiġieġ f'biċċiet daqs gidma; staġun. Għaqqad mal-ingredjenti l-oħra fi cooker bil-mod. Għatti u sajjar fuq LOW għal 5-7 sigħat. Servi ma' ross imsajjar jaħraq.
2. Isservi 4 sa 6.

Tiġieġ Crockpot Pikkanti Biz-Zalza tal-Ġamm taċ-Ċipotle

INGREDJENTI

- Bżar chipotle 1 fi zalza adobo, imqatta' fin, b'madwar kuċċarina zalza
- 1/3 tazza marmellata tal-larinġ ħelu
- 1 kuċċarina trab taċ-chili
- 1/4 kuċċarina trab tat-tewm
- 1 tablespoon ħall balsamiku
- 1 tablespoon ta 'għasel
- 1/2 tazza brodu tat-tiġieġ
- 1 tablespoon ta 'żejt veġetali
- Bżar iswed mitħun frisk
- Niskata melħ
- 4 nofsijiet tas-sider tat-tiġieġ bla għadam u bla ġilda
- 1 tablespoon lamtu tal-qamħirrum
- 2 imgħaref ilma kiesaħ

PREPARAZZJONI

1. Għaqqad iċ-chipotle maż-zalza adobo, ġamm, trab taċ-chili, trab tat-tewm, ħall, għasel, stokk tat-tiġieġ, u żejt.
2. Roxx is-sider tat-tiġieġ bil-melħ u l-bżar. Poġġihom fil-cooker bil-mod; ferra fuq it-taħlita tal-ġamm.
3. Għatti u sajjar fuq LOW għal 5-7 sigħat, jew sakemm it-tiġieġ ikun imsajjar.
4. Poġġi t-tiġieġ fuq il-platt; għatti u żomm sħun.

5. Ferra l-likwidi ġo kazzola u ħallih jagħli fuq nar għoli.
6. Naqqas is-sħana għal medja u għalli sakemm jitnaqqas ftit, madwar 5 minuti.
7. Għaqqad il-lamtu tal-qamħirrun ma 'ilma kiesaħ sakemm ikun bla xkiel; ħawwad fiz-zalza u kompli sajjar, ħawwad, madwar minuta aktar jew sakemm jeħxen.
8. Servi t-tiġieġ maż-zalza mħaxxna.
9. Isservi 4.
10. Ir-riċetta tista 'tiġi rduppjata u msajra għall-istess ammont ta' ħin.

Riċetta Swiss Chicken Casserole, Crock Pot

INGREDJENTI

- 6 nofsijiet tas-sider tat-tiġieġ bla għadam u bla ġilda
- 6 flieli ġobon Żvizzeru
- 1 bott ikkondensat (10 3/4 uqija) krema tal-faqqiegħ, mhux dilwit
- 2 tazzi mili taħlita mħawwar bil-ħxejjex aromatiċi
- 1/2 tazza butir jew marġerina, imdewweb

PREPARAZZJONI

1. Griż il-ġnub u l-qiegħ tal-insert tad-dixx tal-cooker bil-mod jew roxx bi sprej tat-tisjir nonstick.
2. Irranġa s-sider tat-tiġieġ fil-qiegħ tal-borma. Top bil-ġobon Żvizzeru u mbagħad ferra l-krema tal-faqqiegħ fuq il-ġobon.
3. Roxx il-frak tal-mili fuq is-saff tas-soppa u mbagħad ferra l-butir imdewweb fil-wiċċ.
4. Sajjar fuq LOW għal 5-7 sigħat jew fuq għoli għal 3-3 1/2 sigħat.

Tiġieġ tal-Mustarda tal-Għasel Tami

INGREDJENTI

- 4 sa 6 sidra tat-tiġieġ bla għadam bla ġilda (jew uża biċċiet oħra tat-tiġieġ)
- 3/4 tazza mustarda Dijon jew uża mustarda gourmet favorita
-

1/4 tazza għasel

PREPARAZZJONI

1. Poġġi t-tiġieġ fil-borma. Hallat il-mustarda u l-għasel u ferra fuq it-tiġieġ. Sajjar fuq għoli għal 3 sigħat jew fuq baxx għal 6 sa 8 sigħat. Aġġusta l-ħin għat-tiġieġ fuq l-għadam.

Lemon Tami Bżar Tiġieġ, Slow Cooker

INGREDJENTI

- 4 sa 6 sider tat-tiġieġ bla għadam, mingħajr ġilda jew partijiet oħra tat-tiġieġ
- dressing tal-lumi u tal-bżar
- 2 imgħaref ta' butir imdewweb jew marġerina

PREPARAZZJONI

1. Poġġi t-tiġieġ fi cooker bil-mod. Roxx ġeneruż mal-dressing tal-bżar tal-lumi. Hawwru t-tiġieġ bil-butir jew bil-marġerina. Sajjar fuq LOW għal 6-8 sigħat, jew sakemm it-tiġieġ ikun sarr.

Tawny's Crock "Pop" Tiġieġ

INGREDJENTI

- Biċċiet tat-tiġieġ, sider, eċċ. 1 1/2 sa 2 1/2 lbs.
- Flixkun żgħir ta' ketchup (tazza)
- 1 basla medja, imqatta '
- 1 bott kola mill-marka favorita tiegħek jew Dr. Pepper®

PREPARAZZJONI

1. Għaqqad l-ingredjenti kollha fi cooker bil-mod; għatti u sajjar fuq nar baxx għal 6-8 sigħat.
2. Servi fuq ross, taljarini jew patata.
3. Isservi 4 sa 6.

Chilli Abjad Bit-Tiġieġ

INGREDJENTI

- 1 bott ta 'sprej taż-żejt tat-tisjir
- 1 tablespoon żejt taż-żebbuġa
- 1 libbra sider tat-tiġieġ bla għadam; ġilda mneħħija, maqtugħa f'biċċiet 1/2-il pulzier
- 1/4 tazza basla mqatta
- 3 sinniet tewm, ikkapuljat
- 1 bott ta 'tomatillos (madwar 16 uqija), imsaffi u maqtugħin f'biċċiet
- 1 bott ta 'tadam Ro-tel, tadam imqatta' ma 'chiles aħdar
- 1 bott ta' brodu tat-tiġieġ (1 1/2 tazza)
- 1 bott (4 oz) ta 'chiles aħdar imqatta', mhux imsaffi
- 1/2 kuċċarina qxur tal-oregano imnixxef
- 1/2 kuċċarina żerriegħa tal-kosbor, imqatta '
- 1/4 kuċċarina kemmun mitħun
- 2 bottijiet ta 'fażola ħadra tat-Tramuntana, imsaffi
- 3 mgħaref meraq tal-ġir
- 1/4 kuċċarina bżar iswed
- 1/2 tazza ġobon Cheddar li jaqta' mqatta'

PREPARAZZJONI

1. Roxx skillet kbira bi sprej tat-tisjir, żid iż-żejt taż-żebbuġa, u saħħan fuq nar medju-għoli sakemm jaħraq. Żid it-tiġieġ imqatta' f'kudi u sate għal 3 minuti jew sakemm imsajjar. Neħħi t-tiġieġ mit-taġen. Poġġi l-ingredjenti kollha, ħlief il-ġobon, ġo crock pot u sajjar għal 8 sigħat. Quddiem kull porzjon bi ftit ġobon maħkuk. Servi ċ-chili abjad tat-tiġieġ bi tortilla chips, salsa, krema qarsa, u l-għażla tiegħek tat-toppings. Isservi 6.

Will's Chicken Chili għall-cooker bil-mod

INGREDJENTI

- Sider tat-tiġieġ lira jew teneri
- 2 bottijiet (madwar 14.5 uqija kull wieħed) ta 'brodu tat-tiġieġ
- 2 bottijiet (8 oz kull wieħed) bottijiet ta' zalza tat-tadam
- 1 basla, imqatta'
- 1 tazza qamħ iffriżat
- 1 zunnarija, imqatta '
- 1 stick tal-karfus, imqatta'
- 1 bott (14.5 oz) tadam imqatta'
- 1 bott ta '15-il uqija ta' fażola ħamra, flimkien ma 'likwidu
- 1 vażett (4 oz) bżar qampiena imqatta ', imsaffi
- 1 bżar jalapeño, imqatta'
- 2 kuċċarini trab taċ-chili (jew aktar għat-togħma)
- 1 kuċċarina kemmun
- 1 sinna tewm, ikkapuljat (jista' jissostitwixxi t-trab tat-tewm)
- 1/2 kuċċarina melħ
- niskata ħabaq
- niskata bżar cayenne (jew aktar għat-togħma)
- niskata oregano

-

side dishes fakultattivi

- krema qarsa

- tursin imqatta'

- ġobon maħkuk (taħlita Messikana, cheddar jack, cheddar, pepper jack, eċċ.)

- tadam imqatta'

- basal aħdar imqatta' rqiq

PREPARAZZJONI

1. Għaqqad l-ingredjenti kollha ħlief toppings fakultattivi fi cooker bil-mod. Għatti u sajjar fuq għoli għal sagħtejn, imbagħad baxx għal 6 sigħat oħra.
2. Jew iċ-chili jista' jissajjar fuq nar baxx għal 8-10 sigħat.
3. Servi fi skutelli bl-għażla tiegħek tal-platti sekondarji.

Bżar tad-dundjan imqatta'

INGREDJENTI

- 1 libbra dundjani mitħun jew ċanga mitħun
- 1/2 tazza basla mqatta' oħxon
- 2 bottijiet (14.5 uqija kull wieħed) tadam imqatta 'ma' meraq
- 1 bott (16 oz) fażola pinto, imsaffi, laħlaħ
- 1/2 tazza salsa chunky, favorita tiegħek
- 2 kuċċarini trab tal-bżar
- 1 1/2 kuċċarina kemmun mitħun
- Melħ u bżar għat-togħma
- 1/2 tazza Cheddar imqatta jew ġobon imħallat Messikan
- 1 jew 2 tablespoons ta 'żebbuġ iswed imqatta'

PREPARAZZJONI

1. Fi skillet kbira fuq nar medju, sate d-dundjani mitħun u l-basla. Ixxotta x-xaħam żejjed.
2. Ittrasferixxi t-taħlita kannella fil-borma bit-tadam, il-fażola, is-salsa, it-trab taċ-chili, u l-kemmun. Ħawwad bil-mod biex tħallat l-ingredjenti.
3. Għatti u sajjar fuq veloċità baxxa għal 5-6 sigħat. Togħq u ħawwad bil-melħ u l-bżar.
4. Servi ma' biċċa krema qarsa u ftit ġobon maħkuk u slices taż-żebbuġ iswed.
5. Isservi 4.

Sider tad-dundjan bit-tuffieħ u l-cranberry

INGREDJENTI

-
  2 imgħaref butir

-
  1 stick kbir tal-karfus, imqatta

- 2 imgħaref basla mqatta' fin jew shalot, mhux obbligatorju
- 1 tuffieħa, imqaxxra, bil-qalba u mqatta' dadi
- 2 tazzi ta 'frak tal-mili bit-togħma tal-ħaxix
- 1/2 tazza brodu tat-tiġieġ
- 1 bott (14 oz) zalza cranberry sħiħa, maqsuma
- 1 kuċċarina tħawwir tat-tjur
- cutlets tas-sider tad-dundjan, madwar 1 1/2 sa 2 lbs
- melħ kosher u bżar iswed mitħun frisk

PREPARAZZJONI

1. Fi skillet kbira jew skillet fuq nar medju, dewweb il-butir. Żid il-karfus, il-basla, jekk tuża, u t-tuffieħ imqatta'. Sajjar, ħawwad, għal madwar 5 minuti.
2. Fi skutella kbira, għaqqad il-frak tal-mili mat-taħlita tal-ħaxix sauteed, il-brodu tat-tiġieġ, 1 tazza zalza tal-cranberry, u t-tħawwir tat-tjur. Ħallat sew biex tħallat.
3. Ferra ftit imgħaref tat-taħlita tal-mili fuq cutlet tas-sider tad-dundjan. Ibda mit-tarf twil, irrombla u waħħal is-snien.
4. Irranġa r-rollijiet fil-cooker bil-mod.

5. Inkella, tista 'tirrombla ħafif id-dundjan mingħajr il-mili u ferra t-taħlita tal-mili madwar ir-roulades.
6. Ifrex il-mili żejjed madwar il-wraps tad-dundjan. Roxx bil-melħ kosher u bżar iswed mitħun frisk.
7. Għatti u sajjar fuq LOW għal 5 sigħat, jew GHOLJA għal madwar 2 1/2 sigħat.

Sider tad-dundjan bi zalza tal-cranberry oranġjo

INGREDJENTI

- 1/4 tazza zokkor granulat
- 2 imgħaref lamtu tal-qamħirrum
- 3/4 tazza marmellata
- 1 tazza cranberries friski, mitħun jew imqattgħin fin
- Sider tad-dundjan żgħir mingħajr għadam, madwar 3-4 lbs
- Melħ u bżar għat-togħma

PREPARAZZJONI

1. Fi kazzola żgħira, għaqqad iz-zokkor u l-lamtu tal-qamħirrun; ħawwad il-ġamm u l-cranberries. Sajjar fuq nar medju, waqt li tħawwad, sakemm it-taħlita tkun frowja u kemmxejn magħquda.
2. Poġġi s-sider tad-dundjan fil-cooker bil-mod. Roxx kollox bil-melħ u l-bżar.
3. Ferra iz-zalza fuq id-dundjan.
4. Għatti u sajjar fuq GĦOLJA għal siegħa. Naqqas is-sħana għal baxx u sajjar 6 sa 8 sigħat itwal.
5. Daħħal termometru li jinqara instantanament fil-parti l-aktar ħoxna tas-sider tad-dundjan biex tiċċekkja jekk hix.
6. Għandu jirreġistra mill-inqas 165°F sa 170°F.
7. Qatta d-dundjan u servi biz-zalza.
8. Għal 6-8 porzjonijiet.

Dundjani tal-cranberry fi crockpot

INGREDJENTI

- Sider tad-dundjan 1, imdewweb fil-friġġ

- Borża 1 soppa tal-basal Lipton (użajt dik tal-ħxejjex)

- 1 bott ta 'zalza cranberry

PREPARAZZJONI

1. Poġġi d-dundjan fil-qasma tal-ħsad. Ħallat iz-zalza tal-cranberry u s-soppa flimkien u ferra' fuq id-dundjan.
2. Sajjar fuq għoli għal sagħtejn, imbagħad fuq baxx għal 6-7 sigħat.
3. Is-sider tad-dundjan għandu jirreġistra mill-inqas 165 fuq termometru tat-tisjir imdaħħal fl-eħxen parti tal-laħam.

Crockpot Turkey Bil-Krema Qarsa

INGREDJENTI

- Sider tad-dundjan bla għadam (madwar 3 1/2 libbra)
- 1 kuċċarina melħ
- 1/4 kuċċarina bżar
- 2 kuċċarini xibt imnixxef, maqsuma
- 1/4 tazza ilma
- 1 tablespoon ħall abjad jew inbid
- 3 imgħaref dqiq
- 1 tazza krema qarsa

PREPARAZZJONI

1. Roxx iż-żewġ naħat tas-sider tad-dundjan bil-melħ, bżar u kuċċarina xibt. Poġġi s-sider tad-dundjan fil-borma. Żid l-ilma u l-ħall. Għatti u sajjar fuq nar baxx għal 7-9 sigħat jew sakemm tkun delikata. Neħħi sider tad-dundjan għal platter; Żomm sħun. Ittrasferixxi meraq għal kazzola; poġġi fuq il-fuklar u saħħan fuq nar medju-għoli. Ttektek, mikxuf, għal madwar 5 minuti biex tnaqqas il-likwidi. Ħoll id-dqiq fi ftit ilma kiesaħ u żidu mal-likwidu.
2. Żid il-kuċċarina tax-xibt li fadal.
3. Sajjar sakemm jitħaxxen, madwar 15 sa 20 minuta. Inkorpora l-krema qarsa u itfi n-nar. Qatta' l-laħam u servi biz-zalza tal-krema qarsa.
4. Isservi 6.

Sandwichs tat-Turkija

INGREDJENTI

-
- 6 ċ. dundjan imqatta'
- 3 tazzi ġobon Velveeta (ġobon Amerikan), imqatta' f'kudi jew imqatta'
- 1 bott (10 3/4 uqija) krema ta 'soppa tal-faqqiegħ
- 1 bott (10 3/4 uqija) krema ta 'soppa tat-tiġieġ
- 1 basla, imqatta
- 1/2 sek. Whip Mirakoluż

PREPARAZZJONI

1. Fi cooker bil-mod, ħallat flimkien dundjan imqatta ', ġobon, krema ta' soppa tal-faqqiegħ, krema tat-tiġieġ, basla u Miracle Whip. Għatti u sajjar fuq nar baxx għal 3 sa 4 sigħat. Ħawwad it-taħlita tad-dundjan kultant. Żid ftit ilma jekk meħtieġ. Servi bil-pasti maqsuma.

Crockpot Turkey Bit-Tewm

INGREDJENTI

- 1 1/2 libbra koxox tad-dundjan bla għadam u bla ġilda
- melħ u bżar jew bżar tal-lumi għat-togħma
- 1 tablespoon żejt taż-żebbuġa
- 6 sinniet tewm, jitħallew sħaħ
- 1/2 tazza inbid abjad niexef
- 1/2 tazza brodu tat-tiġieġ
- 1 tablespoon tursin imqatta'

PREPARAZZJONI

1. Ħawwru d-dundjan bil-melħ u bżar jew bżar tal-lumi. Fi skillet kbira fuq nar medju-għoli, saħħan iż-żejt taż-żebbuġa. Żid is-saqajn tad-dundjan; kannella għal madwar 10 minuti.
2. Poġġi dundjan fi cooker bil-mod; żid l-ingredjenti li jifdal. Sajjar fuq GĦOLJA għal 3 sa 4 sigħat jew sakemm is-saqajn tad-dundjan ikunu msajra. Neħħi l-qronfol tat-tewm mill-borma. Għaffeġ ftit u erġa' lura fil-cooker bil-mod jekk mixtieq. Servi d-dundjan mal-meraq.
3. Isservi 4 sa 6.

Zalza tal-Għaġin tat-Turkija mitħun
INGREDJENTI

-
- 3 imgħaref żejt taż-żebbuġa
-
- 1 libbra dundjani mitħun
-
- 1 (14.5 oz.) bott ta' tadam stewed
-
- 1 (6 oz) pejst tat-tadam
-
- 1/2 tsp. sagħtar niexef
-
- 1 kuċċarina weraq tal-ħabaq imnixxef
-
- 1/2 tsp. Origan
-
- 1/2 sa 1 kuċċarina zokkor, mhux obbligatorju
-
- 1 kuċċarina melħ, jew għat-togħma
-
- 1/2 tazza basla mqatta
-
- 1 bżar qampiena, imqatta '
-
- 2 sinniet tat-tewm imfarrak

- 1 werqa tar-rand

- 1/4 tazza ilma

- 4 uqija mqatta jew imqatta 'faqqiegħ frisk jew fil-laned imsaffi

PREPARAZZJONI
1. Poġġi żejt fit-taġen; dundjani mitħun kannella bil-mod. Waqt li d-dundjani mitħun ikun qed jissajjar, poġġi t-tadam stewed, il-pejst tat-tadam, is-sagħtar, il-ħabaq, l-origano, il-melħ u z-zokkor fil-cooker bil-mod. Ħallat sew u sajjar fuq nar baxx. Meta d-dundjan ikun kannella, ittrasferih għal cooker bil-mod b'kuċċarina slotted. F'taġen li ma jwaħħalx, sali l-basla, il-bżar, it-tewm u l-weraq tar-rand sakemm jirtab. Għat-tisjir bil-mod, żid 1/4 tazza ilma u l-faqqiegħ imqatta.
2. Għatti u sajjar fuq nar baxx għal 4 sa 6 sigħat. Iddilwa bi ftit ilma jekk meħtieġ.
3. Servi l-għaġin imsajjar favorit tiegħek bi spagetti msajjar sħun.
4. Isservi 6.

Ground Turkija Sloppy Joes

INGREDJENTI

- 2 libbra dundjani mitħun

- 1 tazza basla mqatta

- 2 bottijiet (15 oz kull wieħed) zalza tat-tadam

- 1 bott (6 oz) ta 'pejst tat-tadam

- 1/2 tazza zokkor ismar (ippakkjat tajjeb)

- 1/3 tazza inbid aħmar jew ħall tas-sidru

- 2 mgħaref zalza Worcestershire

- 2 imgħaref ta 'duħħan likwidu

- 1/2 kuċċarina melħ bit-togħma

- 1/4 kuċċarina bżar iswed

PREPARAZZJONI
1. Qalli d-dundjan bil-basal fuq nar medju-għoli għal madwar 6 sa 8 minuti. Ixxotta.
2. Ittrasferixxi d-dundjan u l-basal fil-cooker bil-mod. Ħallat l-ingredjenti li jifdal.
3. Għatti u sajjar fuq nar baxx għal 6-7 sigħat. Servi fuq sandwiches jew flieli tal-ħobż.
4. Isservi 8 sa 10.

Cassoulet faċli bil-mod cooker

INGREDJENTI

-
1 tablespoon żejt extra verġni taż-żebbuġa

-
1 basla kbira, imqatta' fin

- 4 koxox tat-tiġieġ bla għadam, bla ġilda, imqattgħin oħxon

- 1/4 libbra zalzett affumikat imsajjar, bħal kielbasa jew andouille aktar sħuna, imqatta'

- 3 sinniet tewm, ikkapuljat

- 1 kuċċarina weraq tas-sagħtar imnixxef

- 1/2 kuċċarina bżar iswed

- 4 imgħaref pejst tat-tadam

- 2 imgħaref ilma

- 3 bottijiet (madwar 15-il uqija kull wieħed) ta 'fażola kbira tat-tramuntana, laħlaħ u mneħħija

-
3 imgħaref tursin frisk imqatta'

PREPARAZZJONI

1. Saħħan iż-żejt taż-żebbuġa fi skillet kbira fuq nar medju.
2. Żid il-basla maż-żejt jaħraq u sajjar, ħawwad, sakemm il-basla tkun delikata, madwar 4 minuti.
3. Ħallat tiġieġ, zalzett, tewm, sagħtar u bżar. Aħmi minn 5 sa 8 minuti, jew sakemm it-tiġieġ u z-zalzett ikunu kannella.
4. Ħawwad il-pejst tat-tadam u l-ilma; ittrasferixxi għal cooker bil-mod. Ħawwad fażola kbira fit-taħlita tat-tiġieġ; għatti u sajjar fuq LOW għal 4-6 sigħat.
5. Qabel ma sservi, ferrex il-cassoulet bit-tursin imqatta'.
6. Isservi 6.

Saqajn tad-dundjan grilled mill-gżira
INGREDJENTI

- 4 sa 6 saqajn tad-dundjani

- Melħ u bżar

- 1/2 tazza ketchup

- 5 imgħaref ħall tat-tuffieħ

- 1 tablespoon zalza Worcestershire

- 4 imgħaref zokkor kannella skur

- 1 kuċċarina duħħan likwidu, mhux obbligatorju

- 1 bott (8 oz) ta 'ananas maxx, imsaffi sew

- 1/2 tazza basla mqatta

PREPARAZZJONI

1. Griż ħafif il-kisja tal-fuħħar tal-cooker bil-mod. Irranġa r-riġlejn tad-dundjan fil-cooker bil-mod u ferrex bil-melħ u l-bżar. Għaqqad l-ingredjenti li jifdal; ferra r-riġlejn tad-dundjan u dawwar biex iksi sew il-koxox. Għatti u sajjar fuq LOW għal 7-9 sigħat.
2. Isservi 4 sa 6.

Sider tad-dundjan bil-ħxejjex aromatiċi u lumi

INGREDJENTI

- 1/4 tazza zokkor granulat

- 2 imgħaref lamtu tal-qamħirrum

- 3/4 tazza marmellata tal-larinġ

- 1 tazza cranberries friski, mitħun jew imqattgħin fin

- Sider tad-dundjan żgħir mingħajr għadam, madwar 3-4 lbs

- Melħ u bżar għat-togħma

PREPARAZZJONI

1. Fi kazzola żgħira, għaqqad iz-zokkor u l-lamtu tal-qamħirrun; ħawwad il-ġamm u l-cranberries. Sajjar fuq nar medju, waqt li tħawwad, sakemm it-taħlita tkun frowja u kemmxejn magħquda.
2. Poġġi s-sider tad-dundjan fil-cooker bil-mod. Roxx kollox bil-melħ u l-bżar.
3. Ferra iz-zalza fuq id-dundjan.
4. Għatti u sajjar fuq GĦOLJA għal siegħa. Naqqas is-sħana għal baxx u sajjar 6 sa 8 sigħat itwal.
5. Daħħal termometru li jinqara instantanament fil-parti l-aktar ħoxna tas-sider tad-dundjan biex tiċċekkja jekk hix.
6. Għandu jirreġistra mill-inqas 165°F sa 170°F.
7. Qatta d-dundjan u servi biz-zalza.
8. Għal 6-8 porzjonijiet.

Slow Cooker Turkija u Ross Selvaġġ

INGREDJENTI

- 6 sa 8 slices bacon, imqatta ', moqli sakemm iqarmeċ u skulata

- Flett tad-dundjan ta 'libbra, maqtugħ f'biċċiet ta' 1 pulzier

- 1/2 tazza basla mqatta

- 1/2 tazza karrotti imqatta'

- 1/2 tazza karfus imqatta'

- 2 bottijiet (14 1/2 oz. kull wieħed) tat-tiġieġ

- brodu, jew 3 1/4 tazzi bażi jew granuli bbażati fuq brodu

- 1 bott (10 3/4 uqija). Krema Kondensata tas-Soppa tat-Tiġieġ jew Krema tal-Ħwawar tas-Soppa tat-Tiġieġ

- 1/4 kuċċarina. marjoram imnixxef

- 1/8 tsp. Bżar

- 1 1/4 tazzi ross selvaġġ mhux imsajjar, mlaħalħa

PREPARAZZJONI

1. Fi skillet tqil, sajjar il-bacon sakemm iqarmeċ; neħħi b'kuċċarina mgħottija u warrab. Ixxotta, kannella l-biċċiet tad-dundjan, sajjar għal madwar 3 sa 4 minuti. Żid il-basla, il-karrotta u l-karfus; sajjar u ħawwad 2 minuti.
2. Ħawwad flimkien nofs l-istokk u s-soppa fi cooker bil-mod. Għaqqad il-brodu li jifdal, marjoram u bżar. Ħawwad it-taħlita tad-dundjan, il-bacon, u r-ross selvaġġ.
3. Għatti u sajjar bil-qawwa kollha għal 30 minuta.
4. Naqqas is-sħana għal baxx. Sajjar 6-7 sigħat sakemm ir-ross ikun delikat u l-likwidu jiġi assorbit. Turkija u ross selvaġġ għal 6.

Slow cooker dundjani u ħaxix

INGREDJENTI

- sider tad-dundjan bla għadam, madwar 1 1/2 sa 2 lbs
- 1 basla (maqtugħa f'erba 'flieli)
- 2 patata żgħira, imqatta'
- 2 nevew żgħar, imqatta' dadi, fakultattivi
- karrotti tat-trabi
- Pakkett 1 ta' taħlita ta' gravy tat-tiġieġ niexef
- 3/4 tazza inbid abjad niexef
- 1/4 tazza ilma

PREPARAZZJONI

1. Ħawwru dundjani bil-melħ u bżar u kannella min-naħat kollha fi skillet sprejjat bi sprej tat-tisjir.
2. Żid il-basla u sajjar sakemm tismar ftit.
3. Roxx il-cooker bil-mod bi sprej tat-tisjir u poġġi l-karrotti fil-qiegħ; kompli saffi patata, nevew, u basal.
4. Poġġi d-dundjan fuq il-ħaxix.
5. Ħallat il-gravy mal-inbid u l-ilma; saħħan fuq il-fuklar jew fil-microwave imbagħad ferra fuq id-dundjan u l-ħaxix.
6. Għatti u sajjar fuq għoli għal sagħtejn, imbagħad aqleb għal LOW u sajjar għal 3 sa 4 sigħat oħra.
7. Isservi 4.

Sider tad-dundjan bi zalza tal-laring u cranberries

INGREDJENTI

- 2 liri ta 'sider tad-dundjan offerta
- 1/3 tazza meraq tal-laring
- 3/4 tazza zalza cranberry sħiħa
- 2 imgħaref ta 'zokkor ismar
- 1 tablespoon ta 'soy sauce
- 1/2 kuċċarina allspice
- 1 tablespoon ta 'lamtu tal-qamħirrum maħlul f'1 tablespoon ta' ilma kiesaħ
- Melħ u bżar għat-togħma

PREPARAZZJONI

1. Għaqqad l-ingredjenti kollha; dawwar dundjani biex iksi. Għatti u sajjar fuq baxx għal 7-9 sigħat jew fuq għoli għal 3 1/2-4 sigħat. Madwar 10 minuti qabel isservi, żid it-taħlita tal-lamtu tal-qamħirrun/ilma kiesaħ. Staġun bil-melħ u l-bżar.
2. Isservi 4.

Turkija Bil-Patata Ħelwa

INGREDJENTI

- 3 patata ħelwa medja jew patata regolari, imqaxxra u maqtugħa f'kubi ta '2 pulzieri

- 1 1/2 sa 2 liri koxox tad-dundjan, mingħajr ġilda

- 1 vażett (12 uqija) ta 'gravy tad-dundjan (jew uża 1 1/2 sa 2 tazzi)

- 2 tbsp. Dqiq

- 1 Kuċċarina. tursin imnixxef

- 1/2 kuċċarina klin imnixxef imqatta'

- 1/4 kuċċarina weraq tas-sagħtar imnixxef

- 1/8 tsp. Bżar

- 1 1/2 sa 2 tazzi fażola ħadra mqatta' ffriżata

PREPARAZZJONI

1. Saffi patata ħelwa u dundjani fil-cooker bil-mod.

2. Għaqqad gravy, dqiq, tursin, klin, sagħtar u bżar; ħawwad sakemm lixxa. Ferra t-taħlita tal-gravy fuq id-dundjan u l-patata ħelwa.
3. Għatti u sajjar bil-qawwa kollha għal siegħa. Naqqas is-sħana għal baxx u sajjar 5 sigħat itwal.
4. Żid fażola ħadra għal cooker bil-mod; ħawwad. Għatti u sajjar minn siegħa sa sagħtejn, jew sakemm id-dundjan ikun sarr u l-meraq ikun ċar.
5. Ittrasferixxi d-dundjan u l-ħaxix għal platt li jservi b'kuċċarina mqaxxra.
6. Ħawwad iz-zalza u servi mad-dundjan u l-ħaxix.
7. Isservi 6

Crock Pot Turkija u Ross

INGREDJENTI

- 2 bottijiet (10 3/4 uqija kull wieħed) krema ta' soppa tal-faqqiegħ jew krema tal-karfus

- 2 1/2 tazzi ilma

- 2 1/2 tazzi ross abjad konvertit mhux imsajjar

- 1 tazza karfus imqatta'

- 1/4 tazza basla mqatta' fin

- 2 tazzi dundjan imsajjar imqatta'

- 2 tazzi piżelli u karrotti ffriżati

-
1 kuċċarina taħlita tat-tħawwir tat-tjur

PREPARAZZJONI

1. Ferra s-soppa u l-ilma fil-cooker bil-mod u ħawwad biex tħallat sew. Żid l-ingredjenti l-oħra u ħawwad. Sajjar 5 sa 7 sigħat fuq Baxx jew 2 1/2 sa 3 1/2 sigħat fuq Għoli. Iċċekkja kultant biex tiżgura li r-ross ma jixxarrabx. Isservi 8.

Sider tad-dundjan Easy Slow Cooker
INGREDJENTI

- Sider tad-dundjan 1, madwar 5 lbs

- 1/2 tazza (4 oz) butir imdewweb

- melħ u bżar

- 2 tablespoons ta 'lamtu tal-qamħirrun imħallat ma' 2 tablespoons ta 'ilma
- 1/2 sa 1 tazza brodu tat-tiġieġ, jekk meħtieġ

PREPARAZZJONI

1. Roxx is-sider tad-dundjan bil-melħ u l-bżar u poġġi f'cooker bil-mod kbir. Ferra l-butir imdewweb fuq id-dundjan.
2. Għatti u sajjar fuq GHOLJA għal 6 sa 7 sigħat, jew sakemm id-dundjan ikun kannella u l-meraq miftuħ meta mtaqqab b'sikkina.
3. Ferra l-meraq mill-cooker bil-mod ġo kazzola. Hallih ittektek, imbagħad żid it-taħlita tal-lamtu tal-qamħirrun u l-ilma. Żid ftit brodu tat-tiġieġ, madwar 1/2 sa 1 tazza, skont kemm ikun fadal likwidu fil-borma.
4. Ħawwad fuq nar medju-baxx sakemm ikun lixx u jeħxien.

Kejk Tamale bit-Turkija mitħun

INGREDJENTI

- 1 kilo dundjani mitħun
- 3/4 tazza qamħirrum isfar
- 1 1/2 tazza ħalib
- bajda 1, imsawta
- Pakkett 1 (1 1/4 uqija) ta 'ħwawar chili
- 1 bott (11 sa 16 uqija) qamħirrum sħiħ, imsaffi
- 1 bott (14.5 sa 16 uqija) tadam, imqatta
-
1 tazza ġobon maħkuk

PREPARAZZJONI

1. Brown id-dundjan u ixxotta sew. Fi skutella ħallat il-qamħirrum, il-ħalib u l-bajd. Żid iċ-ċanga mneħħija, it-taħlita mnixxfa taċ-chili, it-tadam u l-qamħ. Ħawwad. Ferra' ġo cooker bil-mod ta' 3 1/2 kwart jew akbar. Għatti u sajjar siegħa fil-għoli, imbagħad dawwar għall-baxx u sajjar 3 sigħat fil-baxx. Roxx bil-ġobon. Sajjar 5-10 minuti oħra.
2. Isservi 6.

BBQ Turkija

INGREDJENTI

- 2 sa 3 libbra ta 'cutlets jew chops tad-dundjan
- 2 bżar aħdar, jew taħlita ta 'aħmar, isfar u aħdar, maqtugħ fi strixxi
- 1 kuċċarina melħ tal-karfus
- Niskata bżar
- 1 jew 2 imgħaref ta 'basla mqatta' fin jew 2 kuċċarini ta 'basla mqatta' mnixxfa
-
2 tazzi zalza barbecue ħoxna

PREPARAZZJONI

1. Roxx il-cutlets tad-dundjan bil-melħ u l-bżar. Aħmi fi 350° għal siegħa mgħottija. Skopri l-aktar kulur skur li trid. Sadanittant, għaqqad il-barbecue sauce u l-melħ tal-karfus fi cooker bil-mod ta' 5 kwarti. Żid il-bżar aħdar u l-basal. Għatti u sajjar fuq nar qawwi waqt li d-dundjani jsajjar. Qatta' dundjan (f'biċċiet żgħar għal medji għat-togħma) u żid ma' cooker bil-mod/crock pot. Għatti u sajjar fuq baxx għal 4 sigħat jew GĦOLJA għal sagħtejn.
2. Servi ma' sandwiches friski maqsuma.
3. Ir-riċetta tat-Turkija sservi 4 sa 6.

Crockpot Türkiye u Quesadillas

INGREDJENTI

- Sider tad-dundjan 1, madwar 5 liri, bl-għadam
- 3/4 tazza tursin, maqsum
- 1/2 tazza żejt veġetali
- 2 imgħaref melħ
- 2 imgħaref bżar iswed
- 1 tazza ħall tat-tuffieħ

PREPARAZZJONI

1. Poġġi d-dundjan fi cooker bil-mod kbir. Ħawwad 1/2 tazza tursin imqatta ', żejt veġetali, melħ, bżar, u ħall; ferra fuq is-sider tad-dundjan. Roxx fuq it-tursin li fadal. Sajjar 4 sa 4 1/2 sigħat fuq għoli jew 8 sa 9 sigħat fuq baxx. Neħħi minn cooker bil-mod u ħalli mistrieħ 15-il minuta qabel tqatta'.
2. Isservi 6.
3. Biex tagħmel l-Ouesadillas tat-Turkija: Saħħan 1 kuċċarina żejt fi skillet fuq sħana medja. Poġġi tortilla tad-dqiq fit-taġen u ferrex b'madwar 1/2 tazza taħlita ta' ġobon stil Messikan u 1/4 sa 1/2 tazza dundjan imqatta'.
4. Top bit-tieni tortilla. Sajjar sakemm il-ġobon jibda jiddewweb. Dawwar bi spatula u kannella fuq in-naħa l-oħra. Aqta' l-quesadilla fi kwarti u servi bis-salsa.
5. Isservi 6

Sider tad-dundjan bil-ġamm
INGREDJENTI
- sider tad-dundjan (li trid titqiegħed fil-crockpot)

-

1 vażett marmellata tal-larinġ jew marmellata tal-larinġ tal-ananas

-

kannella

PREPARAZZJONI
1. Poġġi sider tad-dundjan fil-cooker/crock bil-mod, ferra vażett 1 marmellata jew ananas/larinġ fuq is-sider u ferrex ftit kannella fil-wiċċ. Sajjar fuq baxx għal 6-8 sigħat jew fuq għoli għal madwar 4 sigħat.

Slow Cooker Turkey and Brokkoli Casserole

INGREDJENTI

- 8 uqija faqqiegħ
- 2 imgħaref butir
- 1 bott (10 3/4 uqija) ta 'soppa tal-faqqiegħ tad-deheb ikkondensat
- 5 tablespoons ta 'mayonnaise, madwar 1/3 tazza
- 3 imgħaref ħalib
- 1 tablespoon ta 'mustarda ppreparata
- 1/4 kuċċarina bżar iswed
- 4 tazzi dundjan imsajjar imqatta'
- 16-il uqija ta 'brokkoli maqtugħ iffriżat
- 1 tazza ġobon Amerikan maħkuk
- 1/4 tazza lewż mixwi•, fakultattiv

PREPARAZZJONI

1. Roxx in-naħa ta' ġewwa tal-crockpot bi sprej tat-tisjir jew grass ħafif bil-butir.
2. Fi skillet fuq nar medju-baxx, salte l-faqqiegħ imqatta' fil-butir sakemm ikun sar. Fi crockpot, għaqqad faqqiegħ, soppa, mayonnaise, ħalib, mustarda u bżar. Żid id-dundjan imqatta' u l-brokkoli. Għatti u sajjar f'temperatura baxxa għal 5 sigħat. Ħawwad ġobon; għatti u sajjar 30 minuta aktar. Roxx bil-lewż mixwi, jekk mixtieq, eżatt qabel isservi.
3. Isservi 6.

•Biex tost il-ġewż, ferrex f'saff wieħed fuq folja tal-ħami. Ixwi fil-forn fi 350°, waqt li tħawwad kultant, għal 10-15-il minuta. Jew, toast fi skillet mhux greased fuq nar medju, waqt li tħawwad, sakemm tismar u aromatika.

Slow Cooker Turkey Pie

INGREDJENTI

- 3 tazzi tiġieġ imsajjar imqatta' jew dundjan
- 2 bottijiet (14 1/2 uqija kull wieħed) ta 'brodu tat-tiġieġ
- 1/2 kuċċarina melħ
- 1/2 kuċċarina bżar
- 1 stick tal-karfus, imqatta' rqiq
- 1/2 tazza basla mqatta
- 1 werqa żgħira tar-rand
- 3 tazzi patata mqatta' f'kudi
- Pakkett 1 ta' ħaxix imħallat iffriżat (16 oz)
- 1 tazza ħalib
- 1 tazza dqiq
- 1 kuċċarina bżar iswed
- 1/2 kuċċarina taħlita tat-tħawwir tat-tjur
- 1/2 kuċċarina melħ
- 1 qoxra tar-torta mkessħa ta' 9 pulzieri

PREPARAZZJONI

1. Għaqqad it-tiġieġ, il-brodu tat-tiġieġ, 1/2 kuċċarina melħ, 1/2 kuċċarina bżar, karfus, basla, weraq tar-rand, patata, u ħodor imħallat fi cooker bil-mod. Għatti u sajjar fuq baxx għal 7 sa 9 sigħat jew fuq għoli għal 3 1/2 sa 4 1/2 sigħat. Neħħi l-werqa tar-rand.
2. Saħħan il-forn għal 375°. Fi skutella żgħira, ħallat il-ħalib u d-dqiq. Gradwalment ħawwad it-taħlita dqiq-ħalib fil-cooker bil-mod. Ħawwad il-bżar, it-tħawwir tat-tjur, u l-melħ. Neħħi l-inforra mill-bażi tal-cooker bil-mod u poġġi bir-reqqa l-qoxra tat-torta ta' 9 pulzieri fuq it-taħlita.
3. **Poġġi l-fuħħar ġewwa l-forn imsaħħan minn qabel u sajjar (mikxuf) għal madwar 15-20 minuta, jew sakemm ikun kannella dehbi. Jekk l-inforra tiegħek ma tistax titneħħa jew hija kbira wisq għall-qoxra, poġġi t-taħlita f'dixx, għatti bl-għaġina, u aħmi kif hawn fuq.**
4. Isservi 8.

Turkija fil-gravy

INGREDJENTI

- 1 sa 1 1/2 libbra sider tad-dundjan (maqtugħ bin-nofs jekk kbir) jew cutlets tad-dundjan imqatta'
- Pakkett 1 ta' gravy tad-dundjan imħallat (niexef)
- 1 bott soppa tal-faqqiegħ (regolari jew 98% bla xaħam)
- 1 tablespoon soppa tal-faqqiegħ u l-basal (taħlita niexfa, madwar 1/2 pakkett), jew uża ftit
- imgħaref ta 'basla mqatta' u faqqiegħ imnixxef jew fil-laned
- Melħ u bżar għat-togħma

PREPARAZZJONI

1. Għaqqad l-ingredjenti kollha fi Crock Pot; għatti u ħalliha ttektek fuq nar baxx għal 6 1/2 - 8 sigħat. Servi mar-ross jew patata.
2. Isservi 4.

Türkiye Madeira

INGREDJENTI

- 1 1/2 libbra sider tad-dundjan

- 2 uqija faqqiegħ imnixxef

- 3/4 tazza brodu tat-tiġieġ

- 3 imgħaref inbid Madeira

- 1 tablespoon ta 'meraq tal-lumi

- Melħ u bżar għat-togħma

PREPARAZZJONI

1. Għatti u sajjar fuq nar baxx għal 6-8 sigħat. Jekk mixtieq, ħoxnin il-meraq bil-lamtu tal-qamħirrun u servi mar-ross.
2. Isservi 4.

Saqajn tad-dundjan Ranch

INGREDJENTI

- 3 saqajn dundjani

- Melħ u bżar

- 1 borża ta 'zalza enchilada mħallta

- 1 bott (6 oz.) pejst tat-tadam

- 1/2 tazza ilma

- 2 tazzi ġobon Monterey Jack maħkuk

- 1/2 tazza krema qarsa

- 1/4 tazza basal aħdar imqatta

- 1 bott (4 uqija) ta 'żebbuġ misjur imqatta'

PREPARAZZJONI

1. Aqta' kull sieq tad-dundjan bin-nofs u neħħi l-għadam. Roxx id-dundjan bil-melħ u l-bżar u poġġi ġo cooker bil-mod.

2. Għaqqad zalza enchilada, pejst tat-tadam, u ilma; ħawwad sakemm titħallat sew. Ifrex it-taħlita tal-gravy fuq ir-riġlejn tad-dundjan.
3. Għatti u sajjar fuq LOW għal 6-7 sigħat, jew sakemm id-dundjan ikun sarr. Dawwar il-kontroll għal GĦOLJA; ħawwad il-ġobon u kompli ħawwad sakemm il-ġobon ikun idub.
4. Ittrasferixxi għal platter u żejjen bil-krema qarsa u l-basal aħdar imqatta.
5. Żejjen biż-żebbuġ misjur imqatta'.
6. Servi bi tortilla chips u ross Messikan faċli, jekk mixtieq.
7. Isservi 4 sa 6.

Crockpot Turkey and Rice Casserole

INGREDJENTI

- 2 bottijiet (10 3/4 uqija kull wieħed) ta' krema kkondensata ta' soppa tal-faqqiegħ
- 3 tazzi ilma
- 3 tazzi ross abjad qamħa twil konvertiti (nej)
- 1 tazza karfus imqatta' rqiq
- 2-3 tazzi dundjan imsajjar imqatta'
- 2 tazzi ħaxix imħallat iffriżat (piżelli u karrotti, taħlita orjentali, eċċ.)
- 1 kuċċarina tħawwir tat-tjur
- 1 tablespoon ta 'basla mqatta' mnixxfa

PREPARAZZJONI

1. Għaqqad is-soppa u l-ilma fil-cooker bil-mod. Żid l-ingredjenti l-oħra u ħawwad sew. Għatti u sajjar 6 sa 7 sigħat fil-baxx, jew 3 sa 3 1/2 sigħat fil-għoli, sakemm ir-ross ikun teneri iżda mhux moħbi.
2. Isservi 4 sa 6.

Stew tad-dundjan bil-faqqiegħ u l-krema qarsa

INGREDJENTI

Kustilji tad-dundjan ta 'lira 1 jew cutlets, maqtugħin fi strixxi ta' 3 X 1 pulzier

- 1 basla medja, imqatta' bin-nofs u mqatta' rqiq
- 3 basal aħdar bil-ħodor, imqatta '
- 8 uqija ta 'faqqiegħ frisk imqatta'
- 3 imgħaref dqiq għal kull skop
- 1 tazza ħalib jew nofs u nofs
- 1 kuċċarina weraq tal-estragon imnixxef, imfarrka
- 1 kuċċarina tursin imnixxef
- 1 kuċċarina melħ
- 1/8 kuċċarina bżar
- 1/2 tazza piżelli u karrotti ffriżati
-
1/2 tazza krema qarsa

PREPARAZZJONI

1. Fi cooker bil-mod, saffi l-istrixxi tad-dundjan, il-basal u l-faqqiegħ. Għatti u sajjar fuq LOW għal 4 sigħat. Ittrasferixxi għal skutella sħuna, imbagħad dawwar il-cooker bil-mod fuq GĦOLJA.
2. Għaqqad dqiq u ħalib sakemm id-dqiq jinħall u t-taħlita tkun omoġenja; ħawwad fil-meraq fi cooker bil-mod. Żid l-estragon, it-tursin, il-melħ u l-bżar. Erġa' lura d-dundjan u l-ħaxix fil-borma; żid il-ħaxix iffriżat. Għatti u sajjar fuq GĦOLJA għal siegħa, jew sakemm iż-zalza titħaxxen u l-ħaxix ikun lest.
3. Jekk mixtieq, żid krema qarsa eżatt qabel isservi. Servi fuq ross jew toast jekk mixtieq.
4. Isservi 4.

Easy Crockpot Turkey Tetrazzini

INGREDJENTI

-
- 1 tazza ilma sħun
- 1 bott (10 3/4 uqija) soppa tat-tiġieġ jew krema tal-ħxejjex tat-tiġieġ
- 1 bott (4 oz) faqqiegħ, bil-likwidu
- 2 imgħaref bżar aħmar imfarrak
- 2 tazzi dundjan imsajjar imqatta'
- 1 tazza ġobon Cheddar maħkuk
- 1/4 tazza basla mqatta' fin
- 1 kuċċarina ta 'qxur tat-tursin imnixxef
- niskata noċemuskata
- 2 kikkri spagetti mhux maħdum miksur

PREPARAZZJONI

1. Roxx in-naħa ta' ġewwa tal-cooker bil-mod bi sprej tat-tisjir bit-togħma. Fi skutella, għaqqad l-ilma, is-soppa, il-faqqiegħ bil-likwidu, u l-bżar taċ-chili. Ħawwad id-dundjan, il-ġobon, il-basla, it-tursin u n-noċemuskata. Żid l-ispagetti miksur. Ħawwad biex tgħaqqad u ferragħ ġo crockpot. Għatti u sajjar fuq LOW għal 4-6 sigħat, sakemm l-ispagetti jkunu teneri. Ħawwad qabel isservi. Isservi 4 sa 6.

Vickie's spaghetti sauce biz-zalzett tad-dundjan

INGREDJENTI

- 180 g ta 'pejst tat-tadam
- 16 uqija tadam stewed
- 8 uqija zalza tat-tadam
- 28 uqija tadam, fil-laned, imsaffi
- 1/2 tazza inbid aħmar
- 1/2 tazza ilma
- 1/2 kuċċarina zokkor
- 1/8 kuċċarina weraq tal-oregano imnixxef
- 1/8 kuċċarina weraq tal-ħabaq imnixxef
- 1 werqa tar-rand
- 1 1/2 kuċċarina tħawwir Taljan
- 1 kuċċarina trab taċ-chili
- 2 kuċċarini tewm, ikkapuljat
- Sider tad-dundjan lira, imsajjar u mqatta' dadi
- 1/2 libbra zalzett Taljan tad-dundjan, imsajjar, imqatta'
- 2 basal, imqatta'
- 1 bżar qampiena, imqatta'
- 1/2 kuċċarina melħ, mhux obbligatorju

PREPARAZZJONI

1. Għaqqad l-ingredjenti kollha fil-crockpot. Għatti u sajjar fuq LOW għal 8-10 sigħat.
2. Isservi 10 sa 12. Jista 'jiġi ffriżat.

Sider tad-dundjan braised bl-inbid

INGREDJENTI

- Sider tad-dundjan sħiħ mingħajr għadam (madwar 3 liri)
- 1 basla medja, imqatta' bin-nofs u mqatta' rqiq
- 1/2 kuċċarina sagħtar
- 1 sinna kbira tewm, imqatta' rqiq
- Melħ u bżar għat-togħma
- 1/4 tazza inbid Madeira
- 1 tablespoon ta 'għasel
- 1 sa 2 uqija faqqiegħ imnixxef, bħal porcini, mxarrba f'1/4 tazza ilma
- 1 tablespoon ta 'lamtu tal-qamħirrun imħallat ma' 2 tablespoons ta 'ilma kiesaħ

PREPARAZZJONI

1. Neħħi s-sider tad-dundjan mit-tgeżwir u x-xibka u laħlaħ taħt ilma kiesaħ; nixxef. Poġġi sider tad-dundjan fi cooker bil-mod; żid il-basla, is-sagħtar, it-tewm, il-melħ u l-bżar, l-inbid, l-għasel u l-faqqiegħ mal-likwidu tat-tixrib. Għatti u sajjar fuq nar baxx għal 8-10 sigħat. Matul l-aħħar 30 minuta, ferra l-likwidu f'kontenitur biex tneħħi x-xaħam żejjed, jekk mixtieq, u erġa' lura l-istokk fil-borma. Ħawwad it-taħlita tal-lamtu tal-qamħirrun u kompli sajjar sakemm tkun lixxa u ħoxna.
2. Isservi 5 sa 6.

Betty tuffieħ

INGREDJENTI

- 3 lbs għat-tisjir tat-tuffieħ, Roma, Granny Smith, Jonathan, eċċ.

- 10 flieli ta 'ħobż, imqatta', madwar 4 tazzi ta 'kubi tal-ħobż

- 1/2 tsp. trab tal-kannella

- 1/4 kuċċarina. Noċemuskata

- 1/8 tsp. melħ

- 3/4 tazza zokkor ismar, ippakkjat

- 1/2 tazza butir imdewweb

PREPARAZZJONI

1. Aħsel it-tuffieħ, qoxra, neħħi l-qalba, aqtagħhom fi tmien. Għandu jkollok madwar 7-8 tazzi ta 'tuffieħ imqatta'. Poġġi l-flieli tat-tuffieħ fil-qiegħ tal-crockpot bil-butir. Għaqqad il-kubi tal-ħobż bil-kannella, noċemuskata, melħ, zokkor, butir; tarmi flimkien. Poġġi t-tuffieħ crock fuq nett. Għatti u sajjar fuq LOW għal 2 1/2 sa 4 sigħat.
2. Isservi 6.

Butir tat-tuffieħ

INGREDJENTI

- 7 tazzi zalza tat-tuffieħ, naturali

- 2 tazzi ta 'sidru tat-tuffieħ

- 1 1/2 tazza għasel

- 1 kuċċarina trab tal-kannella

- 1/4 kuċċarina sinniet mitħun, mhux obbligatorju

- 1/2 kuċċarina allspice

PREPARAZZJONI

1. Fi cooker bil-mod, għaqqad l-ingredjenti kollha. Għatti u sajjar fuq LOW għal 14-15-il siegħa jew sakemm it-taħlita tkun kannella skur.
2. Ferra l-butir tat-tuffieħ sħun ġo vażetti sterilizzati sħun u siġill, imbagħad ipproċessa pinti jew pinti għal 10 minuti f'banju ta 'ilma jagħli.
3. Jagħmel 4 pinti jew 8 vażetti nofs pinta.

xApple-Coconut Crisp

INGREDJENTI

- 4 tuffieħ Granny Smith kbir, bil-qalba, imqaxxra u mqatta' bejn wieħed u ieħor (madwar 4 tazzi)
- 1/2 tazza qxur tal-ġewż tal-Indi ħelu
- 1 tablespoon dqiq
- 1/3 tazza zokkor ismar
- 1/2 kikkra fudge jew topping tal-ġelat fudge (mingħajr xaħam huwa tajjeb)
- 1/2 kuċċarina kannella
- 1/3 tazza dqiq
- 1/2 tazza ħafur malajr
- 2 imgħaref butir

PREPARAZZJONI

1. Fi dixx tal-ħami ta' 1 1/2 quart li joqgħod fil-cooker bil-mod/Crock Pot tiegħek, għaqqad it-tuffieħ mal-ġewż, 1

tablespoon dqiq, 1/3 tazza zokkor ismar, u kannella. Top bit-topping tal-ġelat. Għaqqad l-ingredjenti l-oħra fi skutella żgħira b'furketta jew cutter tal-għaġina u roxx fuq it-taħlita tat-tuffieħ. Għatti u sajjar fuq għoli għal 2 1/2-3 sigħat, sakemm it-tuffieħ ikun sar. Servi sħun bil-ġelat tal-vanilla jew bit-tarjola.

Tqarmeċ tat-tuffieħ u cranberry

INGREDJENTI

- 3 tuffieħ kbir, imqaxxar, bil-qalba u mqatta'
- 1 tazza cranberries
- 3/4 tazza zokkor ismar
- 1/3 tazza ħafur irrumblat (sajjar malajr)
- 1/4 kuċċarina. melħ
- 1 Kuċċarina. kannella
- 1/3 tazza butir, imrattab

PREPARAZZJONI

1. Poġġi l-flieli tat-tuffieħ u l-cranberries fil-cooker bil-mod. Ħallat l-ingredjenti li jifdal fi skutella; roxx fuq it-tuffieħ u l-cranberries. Poġġi 4 jew 5 srievet tal-karti fuq il-cooker bil-mod u poġġi utensili, bħal mgħarfa tal-injam, fuqu biex iżżomm l-għatu milli jagħlaq sewwa. Poġġi l-għatu fuq nett. Dan jippermetti li l-fwar jaħrab. Ixgħel il-cooker bil-mod u sajjar għal madwar sagħtejn.
2. Isservi 4.

Kompota Ta Tuffieħ U Blueberries

INGREDJENTI

- 6 tuffieħ tat-tisjir, imqaxxar, bil-qalba u mqatta'
- 1 tazza ta 'cranberries frisk
- 1 tazza ta 'zokkor granulat
- 1/2 kuċċarina qoxra tal-larinġ maħkuka
- 1/2 tazza ilma
- 3 imgħaref ta 'port jew meraq tal-larinġ
- krema, mhux obbligatorja

PREPARAZZJONI

1. Irranġa l-flieli tat-tuffieħ u l-cranberries fil-cooker bil-mod. Roxx iz-zokkor fuq il-frott. Żid il-qoxra tal-larinġ, l-ilma u l-inbid. Ħawwad biex tħallat l-ingredjenti. Għatti, sajjar fuq LOW għal 4-6 sigħat, sakemm it-tuffieħ ikun sar. Servi l-frott sħun mal-meraq, imżejjen bil-krema jekk mixtieq.
2. Isservi 6.

Pudina tat-tuffieħ u tad-data

INGREDJENTI

- 5 tuffieħ Jonathan jew Granny Smith, imqaxxra, bil-qalba u mqatta' (jew tuffieħ ieħor tat-tisjir)
- 3/4 tazza zokkor granulat
- 1/2 tazza dati mqattgħin
- 1/2 tazza bajd mixwi u mqatta' •
- 2 imgħaref dqiq
- 1 kuċċarina trab tal-ħami
- 1/8 kuċċarina melħ
- 1/4 kuċċarina noċemuskata
- 1/4 kuċċarina kannella
- 2 imgħaref ta 'butir imdewweb
- bajda 1, imsawta

PREPARAZZJONI

1. Fi cooker bil-mod, poġġi t-tuffieħ, iz-zokkor, id-dati, u l-ġewż; ħawwad biex tħallat. Fi skutella separata, għaqqad id-dqiq, it-trab tal-ħami, il-melħ, in-noċemuskata u l-kannella; ħawwad fit-taħlita tat-tuffieħ. Ferra l-butir imdewweb fuq it-taħlita u ħawwad. Inkorpora l-bajda msawta. Għatti u sajjar fuq LOW għal 3 sa 4 sigħat. Servi sħun.
2. •Biex tost il-ġewż, ferrex f'saff wieħed fuq folja tal-ħami. Ixwi fil-forn fi 350°, waqt li tħawwad kultant, għal 10-15-il minuta.
3. Jew, toast fi skillet mhux greased fuq nar medju, waqt li tħawwad, sakemm tismar u aromatika.

Cheesecake tat-tuffieħ u l-ġewż

INGREDJENTI

Qoxra:

- 1 tazza (żgħira) frak tal-cracker Graham
- 1/2 kuċċarina kannella
- 2 imgħaref zokkor
- 3 imgħaref ta 'butir imdewweb
- 1/4 tazza pacans jew ġewż imqatta' fin

Mili:

- 16 uqija ta 'ġobon krema
- 1/4 tazza zokkor ismar
- 1/2 tazza zokkor abjad granulat
- 2 bajd kbir
- 3 imgħaref krema tqila għat-tarjola
- 1 tablespoon lamtu tal-qamħirrum
- 1 kuċċarina vanilla

Gasket:

- 1 tuffieħ kbir, imqatta' rqiq (madwar 1 1/2 tazza)
- 1 kuċċarina kannella
- 1/4 tazza zokkor

- 1 tablespoon pacans jew ġewż imqatta' fin

PREPARAZZJONI

1. Għaqqad l-ingredjenti tal-qoxra; pat ġo tagen springform ta' 7 pulzieri.
2. Ħabbat iz-zokkor fil-ġobon krema sakemm tkun lixxa u krema. Ħabbat il-bajd, whipping cream, lamtu tal-qamħirrun u vanilla. Ħabbat għal madwar 3 minuti fuq veloċità medja ta 'hand mixer elettriku. Ferra t-taħlita fil-qoxra ppreparata.
3. Għaqqad il-flieli tat-tuffieħ maż-zokkor, il-kannella u l-ġewż; poġġi t-topping indaqs fuq iċ-cheesecake. Poġġi ċ-cheesecake fuq xtilliera tal-wajer (jew "ċirku" tal-fojl tal-aluminju biex iżżommha 'l bogħod mill-qiegħ tal-borma) fil-qasma tal-krock.
4. Għatti u sajjar bil-qawwa kollha għal 2 1/2-3 sigħat.
5. Ħalli toqgħod fil-borma mgħottija (wara li titfiha) għal madwar siegħa sa sagħtejn, sakemm tiksaħ biżżejjed biex timmaniġġaha.
6. Kessaħ sew qabel ma tneħħi l-ġnub tat-tagen.
7. Kessaħ qabel isservi; aħżen il-fdal fil-friġġ.
8. Forn: Aħmi fi 325 ° F madwar 45 minuta sa siegħa, imbagħad itfi l-forn u ħallih jiksaħ fil-forn għal madwar 4 sigħat.

Torta tat-tuffieħ tal-Kafè

INGREDJENTI

- Taħlita tat-tuffieħ:

- 1 bott (20 oz) ta 'mili tat-tuffieħ, flieli tat-tuffieħ ftit miksura

- 1/2 kuċċarina kannella

- 3 imgħaref zokkor ismar

- .

- Għaġin tal-kejk:

- 2 taħlitiet żgħar tal-kejk isfar (Jiffy - 9oz kull wieħed)

- 2 bajd, imsawta

- 1/2 tazza krema qarsa (ħafifa)

- 3 imgħaref ta 'butir imrattab jew marġerina

- 1/2 tazza ħalib evaporat

- 1/2 kuċċarina kannella

- 1 kuċċarina butir jew marġerina għall-grass slow cooker

PREPARAZZJONI

1. Għaqqad l-ingredjenti għat-taħlita tat-tuffieħ fi skutella żgħira. Għaqqad l-ingredjenti tal-batter; ħawwad sew. Butir ġeneruż tal-ġnub u l-qiegħ ta' cooker bil-mod/crock pot ta' 3 1/2 quart. Ifrex madwar nofs it-taħlita tat-tuffieħ fuq il-qiegħ tal-borma. Ferra nofs il-batter fuq it-taħlita tat-tuffieħ. Ferra l-bqija tat-taħlita tat-tuffieħ fuq il-batter, imbagħad għatti bit-taħlita li fadal. Għatti u sajjar bil-qawwa kollha għal 2 sa 2 1/2 sigħat.

2. Itfi n-nar, ħalli l-għatu kemmxejn imbexxaq u kessaħ għal madwar 15-il minuta. Aqleb fuq platt, billi tirkupra t-tuffieħ li tħalla fuq il-qiegħ tal-borma u tpoġġihom fuq il-kejk. Jagħmel kejk ta 'madwar 7 pulzieri fid-dijametru u 3 1/2 pulzieri għoli.

Varjanti:

1. Issostitwixxi ħawħ jew mili ieħor tat-torta

3. Żid il-pacans jew il-ġewż imqatta' mat-taħlita tat-tuffieħ

Torta tal-pudina tat-tuffieħ

INGREDJENTI

- 2 tazzi ta 'zokkor granulat

- 1 tazza żejt veġetali

- 2 bajd

- 2 kuċċarini ta 'estratt tal-vanilla

- 2 tazzi dqiq għal kull skop

- 1 kuċċarina baking soda

- 1 kuċċarina noċemuskata

- 2 tazzi tuffieħ imsajjar, mhux imqaxxar, bil-qalba, imqatta 'b'mod fin

-

1 tazza ġewż imqatta'

PREPARAZZJONI

1. Fi skutella kbira mixer, ħabbat flimkien iz-zokkor, iż-żejt, il-bajd u l-vanilla. Żid id-dqiq, is-soda u n-noċemuskata; ħawwad sew.
2. Roxx bott ta' żewġ liri bi sprej jew grass tat-tisjir u dqiqha sew, jew uża baking sheet oħra li tidħol fil-cooker bil-mod tiegħek.
3. Ferra l-għaġina ġo landa jew taġen tal-ħami, imla sa 2/3 mimli.
4. Poġġiha fi Crock-Pot jew cooker bil-mod. Żidx ilma mal-borma.
5. Għatti imma ħalliha ftit imbedded biex tħalli l-fwar joħroġ.
6. Sajjar fuq għoli 3 1/2 sa 4 sigħat. M'għandekx tħares qabel l-aħħar siegħa tat-tisjir.
7. Il-kejk ikun lest meta jsir il-wiċċ.
8. Ħallih jistrieħ għal ftit minuti qabel ma taqleb fuq platt. Servi bi topping bit-tarjola, krema bit-tarjola ħelwa jew zalza ħelwa.

Ħobż tal-Ġewż tal-Berquq

INGREDJENTI

- 3/4 tazza berquq imnixxef
- 1 tazza dqiq
- 2 kuċċarini trab tal-ħami
- 1/4 kuċċarina baking soda
- 1/2 kuċċarina melħ
- 1/2 tazza zokkor granulat
- 1/2 tazza dqiq sħiħ
- 3/4 tazza ħalib
- bajda 1, imsawta ħafif
- 1 tablespoon qoxra tal-larinġ maħkuka
- 1 tablespoon ta 'żejt veġetali
- 1 tazza pacans imqatta' oħxon

PREPARAZZJONI

1. Poġġi l-berquq fuq bord tat-tqattigħ u roxxhom b'1 tablespoon tad-dqiq. Għaddi sikkina fid-dqiq u aqta 'b'mod fin il-berquq imnixxef. Dqiq is-sikkina spiss biex ma tħallix il-berquq jeħel flimkien. Għarbel flimkien id-dqiq li jifdal, it-trab tal-ħami, il-baking soda, il-melħ u z-zokkor fi skutella kbira. Inkorpora d-dqiq sħiħ. Għaqqad il-ħalib, il-bajd, il-qoxra tal-larinġ u ż-żejt. Ħawwad fit-taħlita tad-dqiq.
2. Ħawwad il-berquq maqtugħ, kwalunkwe dqiq li jkun fadal fuq il-bord tat-tqattigħ, u l-pacans imqatta. Ferra' ġo unità tat-tisjir bil-grass u dqiq jew taġen ieħor jew casserole li ma jgħaddix is-sħana li jidħol fil-cooker bil-mod. Għatti u poġġi fuq xtilliera tal-wajer (jew fojl imkemmxa) fil-cooker bil-mod, iżda iftaħ l-għatu ftit b'dawra tal-karta biex tħalli l-fwar żejjed jaħrab. Aħmi l-Ħobż tal-Ġewż tal-Berquq fuq Għoli għal 4-6 sigħat. Kessaħ fuq xtilliera tal-wajer għal 10 minuti. Servi sħun jew kiesaħ.
3. Għal 4-6 porzjonijiet.

Tuffieħ imsajjar

INGREDJENTI

- 6 tuffieħ kbir tat-tisjir

- 3/4 tazza meraq tal-lariġ

- 2 kuċċarini qoxra tal-lariġ maħkuka

- 1 kuċċarina qoxra tal-lumi maħkuka

- 3/4 tazza blush jew meraq tat-tuffieħ cranberry

- 1/4 kuċċarina kannella

- 1/2 tazza zokkor ismar ċar

- Krema bit-tarjola

PREPARAZZJONI

1. Neħħi l-qlub mit-tuffieħ u poġġihom ġo cooker bil-mod. Fi skutella żgħira, għaqqad il-meraq tal-lariġ, qoxra tal-lariġ maħkuka, qoxra tal-lumi maħkuka, inbid jew meraq, kannella, u zokkor ismar. Ferra fuq it-tuffieħ. Għatti l-crockpot u sajjar fuq nar baxx għal madwar 3 1/2 sigħat, jew sakemm it-tuffieħ ikun sar. Kessaħ ftit u servi bil-krema bit-tarjola jew bil-krema bit-tarjola.

Tuffieħ moħmi II

INGREDJENTI

- 6 sa 8 tuffieħ imsajjar medju (McIntosh, Rome Beauty, Granny Smith, Fuji, Jonathan, eċċ.)
- 2 jew 3 imgħaref taż-żbib
- 1/4 tazza zokkor granulat
- 1 kuċċarina kannella, maqsuma
- 2 imgħaref ta 'butir, maqtugħ f'biċċiet żgħar

PREPARAZZJONI

1. Qaxxar ftit mill-qoxra madwar il-wiċċ tat-tuffieħ u neħħi l-qlub.
2. Fi skutella, ħallat żbib, zokkor, u 1/2 kuċċarina kannella; imla ċ-ċentru tat-tuffieħ.
3. Poġġi t-tuffieħ fil-cooker bil-mod u roxx bil-kannella li fadal. Għatti bil-biċċiet tal-butir.
4. Ferra 1/2 tazza ilma sħun madwar it-tuffieħ.
5. Għatti u sajjar fuq LOW għal 6-8 sigħat, sakemm it-tuffieħ ikun sar.

Custard moħmi

INGREDJENTI

- 3 bajd, imsawta ħafif

- 1/3 tazza zokkor granulat

- 1 kuċċarina vanilla

- 2 tazzi ħalib

- 1/4 kuċċarina noċemuskata mitħun

PREPARAZZJONI

1. Fi skutella, għaqqad il-bajd, iz-zokkor, il-vanilla u l-ħalib; ħawwad sew. Ferra' ġo dixx tal-ħami ta' 1- jew 1 1/2-quart bil-butir jew taġen tas-souffle li jidħol fil-cooker bil-mod, u sprinkle man-noċemuskata. Poġġi xtilliera jew ċirku tal-fojl fil-cooker bil-mod, imbagħad żid 1 1/2 sa 2 tazzi ta 'ilma sħun mal-borma. Għatti r-roasting pan bil-fojl tal-aluminju u poġġiha fuq l-ixtilliera fil-qasrija tal-ħsad. Għatti u sajjar bil-qawwa kollha għal 2 1/2-3 sigħat jew sakemm issettjat.
2. Isservi 4 sa 6.

Ħobż tal-banana

INGREDJENTI

- 1/3 tazza tqassir

- 1/2 tazza zokkor

- 2 bajd

- 1 3/4 tazza dqiq

- 1 kuċċarina trab tal-ħami

- 1/2 kuċċarina melħ

- 1/2 kuċċarina baking soda

- 1 tazza banana maxx

- 1/2 tazza żbib imqatta 'jew dati

- 1/2 tazza pacani mqattgħin, mhux obbligatorju

PREPARAZZJONI

1. Fi skutella tat-taħlit, ħabbat flimkien it-tqassir u z-zokkor; Żid il-bajd u ħabbat sew. Żid l-ingredjenti niexfa alternattivament mal-banana maxx; ħawwad żbib jew dati mqattgħin u pacans imqattgħin, jekk tuża. Griż bott ta' 4 tazzi u ferra l-batter fiha. Għatti l-parti ta 'fuq tal-bott b'6 sa 8 saffi ta' xugamani tal-karti; u poġġi fuq xtilliera ġo cooker. Għatti crockpot u sajjar fuq GHOLJA għal 2 sa 3 sigħat (jew sakemm il-ħobż ikun issettjat). Maqsuma fuq il-forum.

Ħobż tal-Ġewż tal-banana

INGREDJENTI

- 1 tazza ta 'butir jew marġerina

- 2 tazzi zokkor

- 4 bajd

- 1/4 kuċċarina melħ

- 2 kuċċarini ta 'soda

- 4 tazzi dqiq

- 6 banana kbira, misjura ħafna, maxx

- 1 tazza pacani mqattgħin fin

PREPARAZZJONI

1. Ħawwad flimkien il-butir u z-zokkor. Żid il-bajd, wieħed kull darba, ħabbat wara kull żieda. Għarbel l-ingredjenti niexfa flimkien; żid mat-taħlita krema. Għaqqad il-banana u l-pacans imqattgħin.
2. Ferra l-għaġina tal-ħobż tal-ġewż tal-banana f'2 twaġen tal-ħami miksijin sew; aħmi fi 325° għal madwar siegħa 15-il minuta, jew sakemm toothpick imdaħħla fiċ-ċentru toħroġ

nadifa. Din ir-riċetta tal-ħobż tal-ġewż tal-banana tagħmel 2 ħobżiet.

Banana konfettura

INGREDJENTI

- 6 banana misjura iżda soda, imqaxxra

- 1/2 tazza coconut flaked

- 1/2 kuċċarina kannella mitħun

- 1/4 kuċċarina melħ

- 1/2 tazza ġulepp tal-qamħirrum skur

- 1/4 tazza butir, imdewweb

- 1 tablespoon qoxra tal-lumi maħkuka

- 3-4 imgħaref meraq tal-lumi (lumi medja 1)

PREPARAZZJONI

1. Irranġa banana mqaxxra fil-qiegħ tal-crockpot; roxx bil-ġewż, il-kannella u l-melħ.
2. Għaqqad il-ġulepp tal-qamħirrum skur, il-butir, il-qoxra tal-lumi, u l-meraq; ferra fuq saff tal-banana.
3. Għatti u sajjar fuq LOW għal 1 1/2 sa 2 sigħat.

tuffieħ Carmel

INGREDJENTI

- 2 pakketti (14oz kull wieħed) ta 'kandju
- 1/4 tazza ilma
- 8 tuffieħ medju, bħal McIntosh, Gala jew Fuji
- bsaten għat-tuffieħ

PREPARAZZJONI

1. Fi cooker bil-mod, għaqqad il-ħelu u l-ilma. Għatti u sajjar bil-qawwa kollha għal siegħa sa 1 1/2, jew sakemm il-karameli jiddewbu, ħawwad spiss.
2. Sadanittant, inforra trej tal-ħami bil-karta parċmina; butir il-karta.
3. Aħsel u nixxef it-tuffieħ. Daħħal stick fit-tarf taz-zokk ta' kull tuffieħ. Dawwar is-sħana tal-crockpot għal baxx.
4. **Nota:** Jekk il-karamella tinħaraq, għaddiha minn passatur tal-malja u neħħi xi partiċelli skuri.
5. Poġġi ż-zalza ġo kazzola jew lura fil-cooker bil-mod nadif u żomm sħun waqt li tgħaddas it-tuffieħ.
6. Għaddas it-tuffieħ fil-karamella sħuna; dawwar biex iksi wiċċ kollu. Żomm it-tuffieħ fuq borma, obrox l-akkumulazzjoni żejda tal-karamella mit-tuffieħ tal-qiegħ.

7. Poġġi t-tuffieħ miksi fuq karta tax-xama' lesta għat-taġen. Meta tasal qrib il-qiegħ tal-borma, uża mgħarfa biex tpoġġi l-karamella sħuna fuq it-tuffieħ. Poġġi t-trej tat-tuffieħ miksi fil-friġġ biex jissoda sew. Oqgħod attent jekk it-tfal humiex

qed jgħinu; il-crockpot probabbilment se jkun pjuttost sħun mal-mess u l-fudge jista 'jkun sħun.
8. Għal 8 tuffieħ karamella.

Fondue tal-karamella tar-rum

INGREDJENTI

-
1 borża (14 oz) kandju uqija

- 2/3 tazza krema tqila jew krema għat-tarjola

- 1/2 tazza marshmallows minjatura

- 2 jew 3 kuċċarini ta 'rum jew 1/2 kuċċarina ta' estratt tar-rum

PREPARAZZJONI

1. Għaqqad il-karameli u l-whip cream fil-cooker bil-mod. Għatti u sajjar fuq LOW sakemm il-karameli jiddewbu, madwar siegħa 1/2. Ħawwad il-marshmallows u t-togħma tar-rum sakemm jitħalltu sew. Għatti u kompli sajjar għal madwar 30 minuta oħra.
2. Servi b'kunjardi tat-tuffieħ, kubi tal-kejk tal-lira, jew uża bħala dip tal-ġinġer jew ġelat.

Ċirasa tqarmeċ

INGREDJENTI

- 1 bott (21 oz) ta 'mili tat-torta taċ-ċirasa
- 2/3 tazza zokkor ismar
- 1/2 tazza ħafur tat-tisjir malajr
- 1/2 tazza dqiq
- 1 kuċċarina vanilla
- 1/3 tazza butir, imrattab

PREPARAZZJONI

1. Ħafif butir 3 1/2-quart cooker bil-mod/crock pot. Poġġi l-mili tat-torta taċ-ċirasa fil-slow cooker/crock pot. Għaqqad l-ingredjenti niexfa mal-vanilla u ħawwad sew; aqta' l-butir b'cookie cutter jew furketta. Roxx il-frak fuq il-mili tat-torta taċ-ċirasa. Sajjar għal 5 sigħat fuq nar baxx.

Mazzi Taċ-Ċikkulata

INGREDJENTI

- 2 liri ta 'qoxra bajda tal-lewż jew ċikkulata bajda għat-tgħaddis

- 4 uqija ċikkulata ħelwa Ġermaniża jew ċikkulata tal-ħalib għat-tgħaddis

- Pakkett 1 ta' laqx taċ-ċikkulata nofsu ħelu (12 oz)

-

24 uqija karawett inkaljat niexef

PREPARAZZJONI

1. Poġġi l-ingredjenti kollha fil-crockpot; għatti u sajjar bil-qawwa kollha għal siegħa. Tħallatx. Aqleb il-qasrija tal-ħsad u ħawwad kull 15-il minuta għal siegħa aktar. Ħoll fuq karta tal-ħami u ħallih jiksaħ. Aħżen il-ħelu f'kontenitur miksi sewwa.

Crockpot tal-frott tal-baħar

INGREDJENTI

- 2 laned gambli (madwar 5 uqija kull wieħed), ixxotta
- 2 bottijiet tat-tonn (madwar 7 uqija kull wieħed), imqaxxar
- 2 bottijiet laħam tal-granċ (madwar 7 uqija kull wieħed), sassla, neħħi l-gritle
- 1 bott (4 uqija) bżar aħmar imfarrak, imsaffi
- 1/3 tazza tursin frisk imqatta'
- 3 tazzi ross istantaneju, mhux imsajjar
- 2 bottijiet ta 'krema kkondensata ta' soppa tal-faqqiegħ
- 3 tazzi ilma
- 1/2 tazza inbid abjad niexef
- 1/4 tazza basla, ikkapuljat
- 2 kuċċarini ta 'xibt
- 1/2 kuċċarina paprika
- 1/2 kuċċarina zalza Tabasco

PREPARAZZJONI

1. Poġġi l-ewwel sitt ingredjenti fil-crockpot. Għaqqad il-krema tal-faqqiegħ ma 'ilma, inbid, basla, xibt, paprika u zalza Tabasco. Ferra' fuq it-taħlita tar-ross u l-frott tal-baħar fi crock pot; ħawwad bil-mod biex tħallat sew.
2. Għatti u sajjar fuq nar baxx għal 3 sa 4 sigħat, sakemm ir-ross ikun der.

Flan Ta Salamun U Patata

INGREDJENTI

- 4-5 patata medja, imqaxxra u mqatta'
- 3 imgħaref dqiq
- melħ u bżar
- 1 bott (16 oz) salamun, imsaffi u mqaxxar
- 1/2 tazza basla mqatta
- 1 bott (10 3/4 uqija) krema ta' soppa tal-faqqiegħ jew krema tal-karfus
- 1/4 tazza ilma
- niskata noċemuskata

PREPARAZZJONI

1. Poġġi nofs il-patata fi cooker bil-mod jew crock pot greased. Trab b'nofs id-dqiq, imbagħad roxx ħafif bil-melħ u l-bżar. Fuq b'nofs is-salamun imqatta'; ferrex nofs il-basla. Irrepeti l-livelli. Għaqqad is-soppa u l-ilma; ferra fuq it-taħlita tal-patata-salamun. Roxx bi ftit noċemuskata biss. Għatti u sajjar fuq baxx għal 7 sa 9 sigħat, jew sakemm il-patata tkun delikata.
2. Isservi 6.

Kreol tal-gambli

INGREDJENTI

- 1 1/2 kikkra karfus imqatta'

- 1 1/4 tazza basla mqatta

- 1 tazza bżar qampiena mqatta'

- 1 (8 oz.) bott ta 'zalza tat-tadam

- 1 bott ta 'tadam sħiħ, imqatta'
- 1 sinna tewm, ikkapuljat
- 1 kuċċarina melħ, jew għat-togħma
- 1/2 kuċċarina tħawwir Kreol
- 1/4 kuċċarina bżar iswed mitħun frisk
- 6 qatriet Tabasco, jew għat-togħma
- 1 sa 1 1/2 libbra gambli, imneħħija mill-għadam u mqaxxra

PREPARAZZJONI

1. Għaqqad l-ingredjenti kollha ħlief il-gambli. Sajjar 3-4 sigħat fuq għoli jew 6-8 sigħat fuq baxx. Żid il-gambli fl-aħħar siegħa tat-tisjir. Servi fuq ross jaħraq. Tiġieġ, fenek jew awwista jistgħu jiġu sostitwiti għall-gambli. Verżjoni tal-hob, jekk m'għandekx borma tal-fuħħar. Aqli l-karfus, il-basla u l-bżar fiż-żejt jew fil-butir sakemm isiru teneri. Żid l-ingredjenti l-oħra ħlief il-gambli. Ttektek mill-inqas 30

minuta sa siegħa. Żid il-gambli (jew tiġieġ imsajjar imqatta' jew frott tal-baħar ieħor) u ħalliha ttektek għal 30 minuta oħra.
2. Dan huwa saħansitra aħjar imsaħħan mill-ġdid l-għada.

Gambli ħelu u qares

INGREDJENTI

- Pakkett 1 (6 uqija) ta 'miżwed tal-piżelli Ċiniżi ffriżati
- 1 bott (12 sa 14 uqija) biċċiet tal-ananas fil-meraq
- 2 imgħaref lamtu tal-qamħirrum
- 3 imgħaref ta 'zokkor granulat
- 1 tazza brodu tat-tiġieġ

Riservat 1/2 tazza meraq tal-ananas

- 1 tablespoon ta 'soy sauce
- 1/2 kuċċarina ġinġer mitħun
- Borża waħda (12 sa 16-il uqija) gambli ffriżati żgħar jew medji, imnaddfa u msajra
- 2 imgħaref ħall tas-sidru
- ross sħun imsajjar

PREPARAZZJONI

1. Poġġi l-imżiewed tal-piżelli fi colander u għaddi ilma kiesaħ fuqhom sakemm jinħallu parzjalment, biżżejjed biex jisseparaw faċilment. Ixxotta l-ananas, u rriserva 1/2 tazza tal-meraq. Poġġi l-imżiewed tal-piżelli u l-ananas imsaffi fil-cooker bil-mod. Fi kazzola żgħira, ħallat il-lamtu tal-qamħirrun u z-zokkor; żid brodu tat-tiġieġ, meraq tal-ananas riservat, soy sauce, u ġinġer. Hallih jagħli, ħawwad, u sajjar iz-zalza għal madwar minuta.

2. Iz-zalza għandha tkun ħoxna u ċara. Ħallat bil-mod iz-zalza mal-miżwed tal-piżelli u l-ananas. Għatti u sajjar fuq LOW għal 3-5 sigħat. Żid il-gambli msajjar imdewweb; kompli sajjar 30 minuta aktar, sakemm jissaħħan. Żid il-ħall u ħawwad bil-mod.
3. Servi ma' ross imsajjar jaħraq.

Tonn Tagliatelle Casserole

INGREDJENTI

- 1/4 tazza sherry niexef
- 2/3 tazza ħalib
- 2 imgħaref ta' qxur tat-tursin
- 10 uqija piżelli u karrotti ffriżati, madwar 1 1/2 sa 2 tazzi
- 2 bottijiet tat-tonn, imsaffi
- 1/4 kuċċarina trab tal-curry jew għat-togħma
- 10 uqija taljarini tal-bajd, imsajjar sakemm tkun biss offerta
- 2 imgħaref butir

PREPARAZZJONI

1. Fi skutella kbira, krema tal-karfus tgħaqqad soppa, sherry, ħalib, qxur tat-tursin, ħodor, trab tal-kari, u tonn. Itwi l-taljarini; ħawwad biex tħallat sew. Ferra t-taħlita ġo cooker bil-mod ġeneruż. Dot bil-butir. Għatti u sajjar fuq nar baxx, 5 sa 7 sigħat, sakemm il-ħaxix ikun imsajjar u l-ispagetti jkunu teneri.

Tonn Noodle Casserole #2

INGREDJENTI

- 2 bottijiet ta 'krema tal-karfus
- 1/3 tazza brodu tat-tiġieġ
- 2/3 tazza ħalib
- 2 imgħaref ta' qxur tat-tursin imnixxef
- Pakkett 1 (10 oz) ta 'piżelli ffriżati, imdewweb
- 2 bottijiet tat-tonn, 7 uqija kull wieħed, imsaffi
- 10 uqija taljarini tal-bajd medji, imsajra sakemm ikunu offerti
- 3 imgħaref frak tal-ħobż bil-butir jew frak taċ-ċippa tal-patata

PREPARAZZJONI

1. Griż il-qiegħ u l-ġnub tal-insert tal-cooker bil-mod (crockpot ta' 4 sa 5 kwarti). Fi skutella kbira, għaqqad is-soppa, l-istokk tat-tiġieġ, il-ħalib, it-tursin, il-ħodor, u t-tonn. Inkorpora n-noodles imsajra. Ferra t-taħlita fil-cooker bil-mod ippreparat. Top bi frak tal-ħobż bil-butir jew frak tal-patata. Għatti u sajjar fuq LOW għal 5-6 sigħat. Isservi 4 sa 6.

Insalata tat-Tonn Casserole

INGREDJENTI

- 2 bottijiet tat-tonn, imsoffi u mqaxxra

- 1 bott ta 'krema tal-karfus

- 4 bajd iebes mgħolli, imqatta

- 1 kikkra karfus imqatta'

- 1/2 tazza mayonnaise

- 1/4 tsp. Bżar

- 1 1/2 tazza patata maxx

PREPARAZZJONI

1. Griż il-cooker bil-mod jew roxx bi sprej tat-tisjir nonstick. Għaqqad l-ingredjenti kollha ħlief 1/4 tazza chips tal-patata; ħawwad sew. Ferra fil-cooker bil-mod ippreparat.
2. Top bil-fries li fadal.
3. Għatti u sajjar fuq LOW għal 4-6 sigħat.

Fażola Abjad U Tadam Bit-Tonn

INGREDJENTI

- 4 imgħaref żejt taż-żebbuġa
- 1 sinna tewm, imfarrak
- 1 libbra fażola bajda żgħira, mxarrba matul il-lejl, imsaffi
- 2 tazzi tadam imqatta
- 2 bottijiet ta' 6-1/2 uqija tonn tal-alonga fl-ilma, imsoffi u mqaxxra
- 2 triegħi ħabaq, imqatta' fin jew 1 1/2 kuċċarina ħabaq imnixxef
- Melħ u bżar għat-togħma

PREPARAZZJONI

1. Qalli t-tewm fiż-żejt sakemm ikun kannella dehbi; armi t-tewm. Għaqqad iż-żejt bit-togħma tat-tewm mal-fażola u 6 tazzi (48 oz) ilma f'qasrija. Għatti u sajjar bil-qawwa massima għal sagħtejn. Baxxi n-nar, għatti u sajjar għal 8 sigħat. Żid l-ingredjenti li jifdal; għatti u sajjar bil-qawwa kollha għal 30 minuta.

Will's Cioppino Crockpot

INGREDJENTI

- 1 bott kbir (28 oz) tadam imfarrak bil-meraq
- 1 bott (8 oz) ta 'zalza tat-tadam
- 1/2 tazza basla mqatta
- 1 tazza inbid abjad niexef
- 1/3 tazza żejt taż-żebbuġa
- 3 sinniet tewm, ikkapuljat
- 1/2 tazza tursin, imqatta'
- 1 bżar aħdar, imqatta '
- 1 bżar jaħraq (mhux obbligatorju), ikkapuljat
- Melħ u bżar għat-togħma
- 1 kuċċarina sagħtar
- 2 kuċċarini ħabaq
- 1 kuċċarina ta 'oregano
- 1/2 kuċċarina paprika
- 1/2 kuċċarina bżar cayenne
- ilma, jekk mixtieq •
- Frott tal-baħar••

• Flett 1 ta' l-ispnott, merluzz jew ħut abjad ieħor bl-għadam (importanti) u maqtugħ f'kubi

- 1 tużżana. gambli
- 1 tużżana. arzell

- 1 tużżana. il-maskli

- 1 tużżana. gandoffli (jistgħu jintużaw fil-laned)

PREPARAZZJONI

1. Poġġi l-ingredjenti kollha fil-cooker bil-mod ħlief il-frott tal-baħar. Għatti u sajjar 6 sa 8 sigħat fuq nar baxx.
2. Madwar 30 minuta qabel isservi, żid il-frott tal-baħar. Dawwar is-sħana għal għoli u ħawwad kultant (iżda bil-mod).
3. Servi bil-ħobż tal-għaġina qarsa vera jekk issibha. Aħna hawn f'San Francisco għandna xorti peress li għandna għażla ta 'diversi ditti ta' togħma verament "tart". Mill-mod, tibżax tgħaddas il-ħobż tiegħek fiċ-chioppino għax f'dan il-każ jitqies bħala manjieri tajbin.

Noti minn Will:

•Tista' żżid l-ilma mar-riċetta biex iddewweb ftit iċ-Cioppino imma nippreferuha ħoxna.

••Uża l-immaġinazzjoni tiegħek u l-preferenzi personali dwar liema frott tal-baħar iżżid. Xi wħud jagħżlu li jservuha ma 'granċ frisk imxaqqaq meta jkun fl-istaġun.

Cutlet tat-tuffieħ u tal-berquq

INGREDJENTI

- 2 liri ta 'flett tal-majjal jew chops
- 1 tazza ta 'tuffieħ imqatta'
- 1 tazza ta 'berquq imnixxef imqatta'
- 1 basla medja, imqatta '
- 2 zkuk tal-karfus, imqatta 'f'biċċiet ta' 1/2-il pulzier
- 1/2 tazza meraq tat-tuffieħ
- 1/2 tazza zokkor ismar
- 1/4 tazza sherry niexef jew inbid abjad niexef jew aktar meraq tat-tuffieħ
- Melħ u bżar għat-togħma
- 1 1/2 tablespoons lamtu tal-qamħirrun imħallat ma 2 tablespoons ilma kiesaħ

PREPARAZZJONI

1. Għaqqad l-ingredjenti kollha; għatti u sajjar fuq LOW għal 7 sa 9 sigħat jew 3 1/2 sa 4 1/2 sigħat fuq GĦOLJA. Madwar 20-30 minuta qabel ma sservi, ferra l-likwidu f'kontenitur separat biex teħles mix-xaħam żejjed. Ħawwad it-taħlita tal-lamtu tal-qamħirrun u lura l-istokk fil-cooker bil-mod. Kompli sajjar fuq nar baxx sakemm iz-zalza tkun lixxa u mħaxxna.
2. Isservi 4 sa 6.

Flett tal-majjal bit-tuffieħ

INGREDJENTI

- 2 flett tal-majjal (1 1/2 sa 2 liri totali)
- Basla kbira 1, imnaqqsa bin-nofs u maqtugħa fi flieli ta' 1/4 pulzier
- 2 tuffieħ, imqaxxra u mqatta' bejn wieħed u ieħor
- 2 imgħaref ta 'ġelatina tat-tuffieħ
- 1 tablespoon ħall tas-sidru
- melħ u bżar iswed mitħun oħxon għat-togħma

PREPARAZZJONI

1. Għaqqad l-ingredjenti kollha fi cooker bil-mod/Crock Pot (majjal kannella jekk mixtieq). Għatti u sajjar fuq nar baxx għal 7-9 sigħat. Servi bir-ross.
2. Isservi 4 sa 6.

Zalzett Tuffieħ Bil-Basla U Zalza Mustarda

INGREDJENTI

- 1 1/2 sa 2 libbra ta 'tiġieġ, tuffieħ, zalzett jew zalzett affumikat simili
- 1 basla ħelwa medja, imqatta '
- 4 imgħaref mustarda krejola jew mustarda qamħa oħra
- 4 imgħaref ħall balsamiku
- 4 imgħaref zokkor ismar
-

3 mgħaref għasel

PREPARAZZJONI

1. Aqta 'z-zalzett f'biċċiet ta' 1 sa 2 pulzieri. Poġġi l-basla mqatta 'fil-qiegħ ta' cooker bil-mod; żejjen biz-zalzett imqatta'. Għaqqad l-ingredjenti li jifdal fi mug kbir jew skutella żgħira u ferra fuq iz-zalzett. Għatti u sajjar fuq LOW għal 5-7 sigħat jew GĦOLJA għal 2 1/2-3 1/2 sigħat. Servi mar-ross jew taljarini u ġenb ħaxix, jew maqtugħ f'biċċiet iżgħar u sservi bħala appetizer. Jservi minn 6 sa 8 persuni bħala platt ewlieni.

Iz-zija Bar-B-Q

INGREDJENTI

- 1 1/2 libbra ċanga dgħif, maqtugħa f'kubi ta '1 sa 2 pulzieri
- 1 1/2 libbra majjal, imqatta 'f'kubi ta' 1 sa 2 pulzieri
- 2 tazzi ta 'basla mqatta'
- 1/4 tazza bżar aħdar imqatta'
- 1 (6 oz.) bott ta 'pejst tat-tadam
- 1/2 tazza zokkor ismar
- 1/4 tazza ħall
- 1 Kuċċarina. melħ
- 2 kuċċarini. Zalza Worcestershire
- 1 Kuċċarina. trab tal-mustarda

PREPARAZZJONI

1. Għaqqad l-ingredjenti kollha fi cooker bil-mod. Għatti u sajjar fuq LOW għal 9-11-il siegħa, sakemm sara ħafna, jew GĦOLJA għal 5-6 sigħat. Ħawwad, aqsam il-laħam u servi b'sandwiches sħan.
2. Isservi 8.

Majjal Ixwi tal-Ħarifa

INGREDJENTI

- mixwi tal-flett tal-majjal, 3 sa 4 lbs

- melħ u bżar

- 1 tazza cranberries friski jew iffriżati, imqattgħin

- 1/4 sek. għasel

- 1 Kuċċarina. qoxra tal-larinġ maħkuka

- 1/8 tsp. Noċemuskata

- 1/8 tsp. allspice mitħun

PREPARAZZJONI

1. Roxx il-flett tal-majjal bil-melħ u l-bżar. Poġġi fi cooker bil-mod jew crock pot. Għaqqad l-ingredjenti li jifdal u ferra fuq ixwi.
2. Għatti u sajjar fuq LOW għal 8-10 sigħat. Għal 6-8 porzjonijiet.

Fażola Lima Bil-Majjal HamBar-BQ

INGREDJENTI

- 1 libbra ta 'fażola lima mnixxfa
- 2 litri ta 'ilma għat-tixrib
- 2 basal medju, imqatta bejn wieħed u ieħor
- 1 għadam tal-perżut tal-laħam flimkien ma' perżut imqatta' fdal, għat-togħma
- 3-4 tazzi ilma, biex tkopri
- 1 kuċċarina Cajun jew Creole tħawwir taħlita
- 1/4 kuċċarina bżar iswed mitħun frisk
- niskata bżar cayenne
-

Melħ għat-togħma

PREPARAZZJONI

1. Xarrab fażola lima f'madwar 2 kwarti ta 'ilma matul il-lejl.
2. Ixxotta u poġġi l-fażola tal-lima fl-insert tal-cooker bil-mod. Żid 3-4 tazzi ilma ħelu biss biex tkopri l-fażola u żid il-basal imqatta u żid l-għadam u l-peržut.
3. Għatti u sajjar fuq GĦOLJA għal 3 sigħat.
4. Żid it-taħwir Creole u l-cayenne u l-bżar iswed. Għatti u sajjar fuq LOW għal 4 sigħat, jew sakemm ikunu fermi ħafna.
5.
Isservi 8.

Majjal Grilled

INGREDJENTI

- 3 liri ta 'spalla tal-majjal imqatta', jew uża madwar nofs ič-čanga stewed
- 1 basla kbira, imqatta
- 1 Kuċċarina. melħ
- 1 tablespoon. trab tač-chili
- 1 bżar aħdar imqatta '
- 1 tazza ilma
- 2 tazzi ta 'barbecue sauce, maqsuma
- pasti maqsumin mixwi

PREPARAZZJONI

1. Poġġi l-majjal fi cooker bil-mod bil-basla, il-melħ, it-trab tač-chili, il-bżar u l-ilma. Għatti u sajjar fuq LOW għal 7-9 sigħat, jew sakemm tkun ferm. Ixxotta u armi l-likwidi żejda. Qatta' jew qatgħat il-laħam u erġa' lura fil-qasma tal-krock b'1 tazza tal-barbecue sauce.
2. Għatti u sajjar fuq LOW għal siegħa oħra. Servi fuq pasti mixwi biż-zalza barbecue li fadal.

Ixwi tal-Majjal Grilled

INGREDJENTI

- 1 majjal mixwi, spalla, butt
- 2-3 imgħaref ta 'meraq tal-lumi
- 1/2 tazza basla mqatta' oħxon
- 1 kuċċarina ta 'zokkor granulat
- 1 flixkun ta 'barbecue sauce, madwar 18 oz

PREPARAZZJONI

1. Sajjar il-majjal mixwi mgħotti bl-ilma (ibda bl-ilma sħun) fi crock pot fuq nar baxx minn 9 sa 11-il siegħa, jew sakemm ikun sar ħafna u jinfirex. Ixxotta l-ilma u qatgħet il-laħam; armi xaħam u għadam.
2. Aqli l-basla fi ftit butir.
3. Għaqqad il-barbecue sauce, basal, zokkor u meraq tal-lumi maċ-ċanga fil-Crock Pot u sajjar fuq għoli għal madwar siegħa, jew fuq baxx għal madwar sagħtejn.
4. Servi l-majjal ikkapuljat fuq sandwiches.
5. Iservi minn 8 sa 10 persuni, skont id-daqs tal-ispalla.

Kustilji barbecue fuq stil ta' pajjiż

INGREDJENTI

- 3 liri ta' chops tal-majjal bla għadam ta' stil tal-pajjiż
- 2 tuffieħ tart kbir, imqaxxar, bil-qalba, imqatta' jew imqatta' rqiq
- 1 basla kbira, imqatta' bin-nofs u mqatta' fin
- 1/4 kuċċarina kannella
- 1/4 kuċċarina żgħira ta 'allspice
- melħ u bżar
-
1 kikkra barbecue sauce

PREPARAZZJONI

1. Fi cooker bil-mod, għaqqad il-kustilji, it-tuffieħ, il-basla, il-kannella u l-allspice. Roxx bil-melħ u l-bżar.
2. Għatti u sajjar fuq LOW għal 7-9 sigħat. Ixxotta u armi l-meraq. Żid il-barbecue sauce u kompli sajjar għal madwar 30 minuta itwal.
3. Isservi 4 sa 6.

Boston Butt BBQ

INGREDJENTI

- Spalla jew butt tal-majjal ta 'Boston, 4 sa 7 liri, b'għadam jew għadam
- 1/4 tazza ilma
- melħ u bżar ħafif
-

zalza tal-barbecue

PREPARAZZJONI

1. Poġġi l-laħam fil-cooker bil-mod bl-ilma, il-melħ u l-bżar.
2. Għatti u sajjar fuq GHOLJA għal siegħa. Aqleb għal LOW u sajjar minn 7 sa 9 sigħat oħra, sakemm sajjar ħafna. Neħħi l-ixwi u armi xaħam u meraq. Qatta' jew qatgħet il-majjal; lura għal cooker bil-mod. Ħawwad ftit zalza barbecue fil-laħam għat-togħma. Għatti u sajjar fuq LOW madwar siegħa oħra, sakemm jaħraq.
3. Servi fuq sandwiches sħan bil-kolslaw u zalza barbecue żejda fuq il-ġenb.

Fażola u Hot Dogs

INGREDJENTI

- 3 bottijiet (16 oz kull wieħed) tal-majjal u fażola

- Hot dogs ta '1 lira, maqtugħin f'biċċiet ta' 1 pulzier

- 1/2 tazza ketchup

- 1 basla żgħira, imqatta

- 1/4 tazza melassa

-

1 tablespoon mustarda ppreparata

PREPARAZZJONI
1. Fi crockpot, għaqqad fażola, hot dogs, ketchup, basla, melassa, u mustarda.
2. Għatti u sajjar fuq LOW għal 6-8 sigħat.
3. Isservi 6.

Bigos

INGREDJENTI

- 1 bott ta 'krema ikkondensata tal-karfus, mhux dilwit
- 1/3 tazza zokkor ismar ċar, ippakkjat
- 1 bott jew borża (24 sa 32 uqija) sauerkraut, imsoff u mlaħalħa
- 1 1/2 libbra zalzett Pollakk, maqtugħ f'biċċiet ta '2 pulzieri
- 4 patata medja, imqaxxra u mqatta' dadi
- 1 tazza basla mqatta
- 1 tazza ġobon Cheddar jew Sweet Jack maħkuk

PREPARAZZJONI

1. Fi crockpot, għaqqad is-soppa, iz-zokkor u s-sauerkraut. Ħallat zalzett, patata u basal. Għatti u sajjar fuq LOW għal 8 sigħat. Elimina xaħam żejjed; ħawwad il-ġobon. Ferra' fi skutelli tas-servizz u żejjen b'aktar ġobon maħkuk.
2. Isservi 6.

Chops tal-majjal ma blackbird

INGREDJENTI

- 6-8 chops tal-majjal

- 1/2 tazza dqiq

- 1 tablespoon melħ

- 1 1/2 kuċċarina mustarda niexfa

- 1/2 kuċċarina trab tat-tewm

- 2 imgħaref żejt

- 1 bott Soppa tar-ross tat-tiġieġ

PREPARAZZJONI

1. Ħallat dqiq, melħ, mustarda, trab tat-tewm. Dqiq il-chops u kellihom fiż-żejt fuq il-fuklar. Meta tismar sew, poġġiha fil-krokk u żejjen bis-soppa. Għatti u sajjar 6-8 sigħat BAXX jew madwar 3 1/2 sigħat GĦOLJA.
2. Riċetta tal-pork chop maqsuma fuq il-forum tagħna minn Blackbird.

Crockpot Black Eyed Peas u Peržut

INGREDJENTI

- 1 libbra piżelli bl-għajnejn suwed iffriżati
- 1 tazza brodu tat-tiġieġ
- 2 zkuk tal-karfus, imqatta 'rqiq
- 4 sinniet tewm, ikkapuljat
- 1 mazz (6 sa 8) basal aħdar, imqatta' rqiq
- 180 g ta 'peržut imqatta'
- 1/8 kuċċarina bżar iswed mitħun oħxon
-

1/2 kuċċarina tħawwir Creole

PREPARAZZJONI

1. Għaqqad l-ingredjenti kollha fi cooker bil-mod. Għatti u sajjar fuq LOW għal 6-8 sigħat.
2. Isservi 6.

Chops tal-majjal braised

INGREDJENTI

- 6-8 chops tal-majjal dgħif

- 1/3 ċ. Dqiq

- 1 kuċċarina. melħ

- 1 kuċċarina. trab tal-mustarda

- 1 tablespoon żejt

- 1 basla medja, imqatta

- 1 sinna kbira tewm ikkapuljat (mhux obbligatorju)

- 1 bott ta 'soppa tat-tiġieġ

PREPARAZZJONI

1. Iksi l-kustilji b'taħlita ta' dqiq, melħ, mustarda u melħ tat-tewm. Kelli miż-żewġ naħat f'żejt jaħraq f'taġen bil-basla mqatta'. Żid it-tewm għall-aħħar minuta. Deglaze it-taġen bi ftit ilma, inbid jew brodu. Poġġi l-kustilji fi cooker bil-mod u żid is-soppa u l-gravy tat-taġen. Għatti u sajjar fuq baxx 6-8 sigħat, jew fuq għoli 3-4 sigħat.
2. Isservi 6 sa 8.

Flett tal-Majjal Braised

INGREDJENTI

- 3 sa 4 liri mixwi tal-flett tal-majjal bla għadam, mirqum
- 4 sinniet tat-tewm, imqatta'
- melħ u bżar
- 1/2 kuċċarina salvja u sagħtar jew 1 kuċċarina tħawwir tat-tjur
- 1 tazza brodu tat-tiġieġ
- 1/4 tazza inbid abjad niexef jew brodu tat-tiġieġ
- 1/4 tazza dqiq

PREPARAZZJONI

1. Kella l-ixwi tal-majjal min-naħat kollha fi skillet kbir biex teħles mix-xaħam żejjed. Aqta' l-ixwi b'sikkina żgħira u daħħal il-flieli tat-tewm; poġġi fi cooker bil-mod u ħawwad bil-melħ, bżar u salvja u sagħtar jew ħwawar tat-tjur. Żid brodu u inbid, jekk tuża.
2. Għatti u sajjar fuq LOW għal 8-10 sigħat. Neħħi l-ixwi u xkuma xaħam żejjed mill-meraq; għaqqad id-dqiq ma' madwar 3 imgħaref ilma kiesaħ u ħawwad sakemm tkun lixxa.
3. Ixgħel il-cooker bil-mod u żid it-taħlita tad-dqiq. Sajjar u ħawwad sakemm jitħaxxen (dan jista 'jsir aktar malajr fuq il-fuklar).
4. Servi z-zalza fuq il-majjal, bir-ross jew il-patata.
5. Isservi madwar 8.

Flett tal-Majjal Biż-Zokkor Kannella

INGREDJENTI

- 1 flett tal-majjal bla għadam inkaljat, 4 sa 6 lbs
- 1 sinna tewm, imqatta' bin-nofs
- melħ u bżar iswed mitħun frisk
- 1 1/3 tazza zokkor ismar, maqsum
- 1 tablespoon mustarda Dijon jew mustarda tal-qamħ
- 1 tablespoon ħall balsamiku
- 1/4 kuċċarina kannella

PREPARAZZJONI

1. Jekk il-majjal ikollu wisq xaħam, ittrimmha ftit. Ftit xaħam jgħin biex iżżomm l-ixwi mmerraq matul il-ħin twil tat-tisjir.

2. Togħrok l-ixwi man-nofsijiet tat-tewm, imbagħad sprinkle bil-melħ u l-bżar, imbagħad ixwi l-ixwi b'furketta jew sekwestru.
3. Fi tazza jew skutella, għaqqad tazza 1 taz-zokkor ismar, il-mustarda u l-ħall. Togħrok kollu fuq ix-xiwi.
4. Għatti u sajjar fuq LOW għal 7-9 sigħat, jew sakemm tkun delikata iżda ma taqax.
5. Elimina meraq żejjed.
6. Għaqqad il-bqija 1/3 tazza zokkor ismar mal-kannella; Ifrex it-taħlita fuq ix-xiwi. Għatti u kompli sajjar fuq LOW għal siegħa oħra.
7. Isservi 6 sa 8.

Cutlets tal-farfett u patata

INGREDJENTI

- 6 jew aktar patata ħamra medja, imqatta 'ħxuna
- 1 basla kbira, imqatta' kwarti u mqatta' oħxon
- 4 sa 6 chops tal-majjal bla għadam u bil-butir
- Pakkett 1 ta' ħwawar Taljan Zesty (0.6 oz)
- Melħ u bżar għat-togħma

PREPARAZZJONI

1. Ħżin il-patata u l-basal bil-melħ u l-bżar; żejjen bil-chops tal-majjal. Idlek il-kustilji bit-taħlita tal-ħwawar. Għatti u sajjar fuq baxx 7-9 sigħat. (Se tkun meħtieġa borma 4 1/2-quart jew akbar għall-aktar kustilji u patata.)
2. Isservi 4 sa 6.

Kaboċċi u Bratwurst

INGREDJENTI

- 5 sa 6 links bratwurst zalzett

- 1 kaboċċa medja, imqatta 'bejn wieħed u ieħor

- 1 basla kbira

- 1/2 tazza dressing kremu tal-mustarda tal-għasel

- 1/4 tazza zalza tat-tuffieħ jew sidru tat-tuffieħ

- 1 jew 2 kuċċarini ta 'żerriegħa kemmun

- 1/2 kuċċarina żerriegħa tal-karfus

- Melħ u bżar għat-togħma

PREPARAZZJONI

1. Kelleb iz-zalzett u aqta' f'biċċiet daqs gidma. Ixxotta sew.
2. Għaqqad iz-zalzett imsejjaħ mal-kaboċċi u l-basla fil-Crock Pot.
3. Żid l-ingredjenti li jifdal; għatti u sajjar fuq nar baxx għal 8-10 sigħat.
4. Isservi 4.

Cassoulet bil-majjal u l-fażola

INGREDJENTI

- 1 lb fażola blu msajra

- 1 werqa tar-rand

- 2 sinniet tewm

- 1/2 kuċċarina sagħtar

- 1/2 kuċċarina salvja

- 1 libbra majjal dgħif, imqatta' (chops, chops, eċċ.)

- 1 libbra ta' zalzett Taljan ħelu jew pikkanti

- 1 tazza brodu tat-tiġieġ

- Melħ u bżar

PREPARAZZJONI

1. Poġġi l-fażola fil-crock bil-weraq tar-rand, salvja, sagħtar, tewm u tħawwir. Majjal u zalzett pan-fry sakemm kannella; zalzett porzjon. Żid mal-fażola. Żid l-istokk tat-tiġieġ u sajjar fuq LOW għal 7-8 sigħat. Jekk mixtieq, top bil-frak tal-ħobż bil-butir u aħmi sakemm tismar.

Kustilji stil Catalina

INGREDJENTI

- 1 1/2 sa 2 lbs kustilji tal-majjal tal-pajjiż bla għadam
- Flixkun 1 (8oz) ta' tħawwir Catalina
- 1 tazza basla mqatta
-
2 sinniet tat-tewm medji, ikkapuljat

PREPARAZZJONI

1. Għaqqad l-ingredjenti kollha fi cooker bil-mod/Crock Pot; għatti u sajjar fuq nar baxx għal 7-9 sigħat.
2. Isservi 4 sa 6.

Chalupas

INGREDJENTI

- 3 sa 4 liri mixwi tal-flett tal-majjal bla għadam, mirqum
- 2 sinniet tewm, ikkapuljat
- 2 imgħaref trab tal-bżar
- 1 tablespoon kemmun mitħun
- 1 kuċċarina ta 'oregano
- 1 bott taċ-chili aħdar, ikkapuljat
- 2 kuċċarini melħ, jew għat-togħma
- 2 bottijiet (15-il uqija kull wieħed) fażola pinto, laħlaħ u skulata

•••••

- Kondimenti ssuġġeriti
- Ġobon maħkuk
- Basal imqatta'
- Tadam
- Ħass
- Krema qarsa
- tortilla chips imfarrak

PREPARAZZJONI

1. Poġġi l-ewwel 7 ingredjenti fil-cooker bil-mod, flimkien ma '1/2 tazza ilma. Aħmi minn 8 sa 10 sigħat. Żid il-fażola siegħa qabel it-tmiem. Żejjen b'uċuħ mixtieqa u servi bi tortilla chips sħun.

Chops tal-majjal taċ-ċirasa f'qasrija tal-ħsad

INGREDJENTI

- 6 chops tal-majjal, maqtugħa 3/4-il pulzier ħoxna
- Melħ
- Bżar
- 1 (21 oz) mili tat-torta taċ-ċirasa
- 2 kuċċarini. meraq tal-lumi
- 1/2 tsp. granuli instantanji tal-bouillon tat-tiġieġ
- 1/8 tsp. mace mitħun jew noċemuskata

PREPARAZZJONI

1. Imqalleb malajr il-chops tal-majjal fi ftit xaħam fi skillet tqil. Roxx bil-melħ u l-bżar. Fi cooker bil-mod, għaqqad nofs il-bott tal-mili tat-torta taċ-ċirasa, meraq tal-lumi, mace, u granuli tal-istokk. Ħallat sew. Poġġi l-chops tal-majjal fuq it-taħlita. Għatti u sajjar fuq LOW għal 6-7 sigħat. Saħħan in-nofs l-ieħor tal-mili tat-torta taċ-ċirasa u ittrasferih għal kazzola meta sservi l-kustilji.
2. Isservi 6.

Majjal mixwi igglejżjat taċ-ċirasa

INGREDJENTI

- 1 flett tal-majjal mixwi, bla għadam, madwar 3 lbs
- 1 bott (10 1/2 uqija) ta 'brodu tat-tiġieġ ikkondensat
- 1 mazz ta 'basal aħdar, bil-ħodor, imqatta' f'tulijiet ta '1 pulzier
- 3 imgħaref ħall tal-inbid
- 1 kuċċarina klin imnixxef
- 1/4 kuċċarina bżar imħawwar (jew uża bżar iswed mitħun regolari)
- 1 tazza ġamm taċ-ċirasa, jew uża ġamm tal-berquq jew tal-ananas
- qatra jew 2 kulur aħmar tal-ikel, mhux obbligatorju

PREPARAZZJONI

1. Qatta' l-ixwi tal-majjal u poġġih fi cooker bil-mod. Hallat l-ingredjenti kollha ħlief ġamm jew priżervi u kulur tal-ikel fi

skutella żgħira. Ferra fuq ixwi. Għatti u sajjar fuq veloċità baxxa minn 8 sa 10 sigħat. Eżatt qabel ma sservi, poġġi l-cooker bil-mod għal GĦOLJA.
2. Neħħi l-ixwi għal platt li jservi sħun. Itfa l-ġamm taċ-ċirasa mal-meraq fi cooker bil-mod u ftit kulur aħmar tal-ikel, jekk mixtieq; sħun għat-temperatura tas-servizz. Mgħarfa fuq il-majjal imqatta'.
3. Isservi 8.

Cutlet tat-tiġieġ moqli

INGREDJENTI

- 1/2 tazza dqiq għal kull skop

- 1 1/2 kuċċarina melħ

- 1 kuċċarina mustarda niexfa

- 1/2 kuċċarina paprika

- 1/2 kuċċarina trab tat-tewm

- 6 chops tal-flett tal-majjal (madwar 3/4 pulzier ħoxna), mirqum

- 2 imgħaref żejt tal-kolza

- 1 bott (10 3/4 uqija) krema kkondensata ta' soppa tat-tiġieġ, mhux dilwita

- 1/4 tazza ilma

PREPARAZZJONI

1. Fi skutella baxxa jew borża tal-ikel, għaqqad dqiq, melħ, mustarda, paprika u trab tat-tewm; dredge jew itfa l-chops tal-majjal biex iksihom sew bit-taħlita tad-dqiq imħawwar. Fi skillet fuq nar medju, kannella l-kustilji fuq iż-żewġ naħat fiż-żejt. Poġġi l-chops tal-majjal fil-cooker bil-mod. Għaqqad is-soppa u l-ilma; ferra fuq il-kustilji. Għatti u sajjar fuq nar baxx għal 6-8 sigħat jew sakemm il-laħam ikun der. Jekk mixtieq, ħoxnin il-meraq u servi mal-chops tal-majjal.
2. Għal 6 porzjonijiet.

Tiġieġ, zalzett u chili abjad tal-fażola

INGREDJENTI

- 2 imgħaref żejt extra verġni taż-żebbuġa

- 2 nofsijiet tas-sider tat-tiġieġ bla għadam, imqatta' f'dadi

- 12 sa 16-il uqija zalzett tat-tiġieġ, bħal zalzett tat-tiġieġ, tat-tuffieħ jew tat-tiġieġ, tiġieġ ieħor affumikat jew zalzett tad-dundjan

- 1 tazza basla mqatta

- 4 sinniet tewm, ikkapuljat

- 2 bottijiet (madwar 16-il uqija kull wieħed) ta' Great Northern Beans, imsaffi u mlaħalħa

- 1 1/2 tazza salsa tat-tomatillo

- 1 tazza brodu tat-tiġieġ

- 1 bott (14.5 uqija) tadam imqatta' fi dadi bil-meraq, inkaljat fin-nar, stil chili jew sempliċi

- 1 tazza ta 'qlub tal-qamħirrum iffriżat

- 2 imgħaref bżar jalapeño mqatta' fin jew bżar ħelu

- 1 1/2 kuċċarina kemmun mitħun

- 1/2 kuċċarina melħ

- 1/4 kuċċarina bżar iswed mitħun

-
Sing tal-bżar Cayenne, mhux obbligatorju

PREPARAZZJONI

1. Fi skillet kbira, saħħan iż-żejt taż-żebbuġa fuq nar medju. Żid il-basal, it-tiġieġ imqatta' u z-zalzett imqatta'; salte sakemm il-basal ikun sarr u t-tiġieġ ikun imsajjar.
2. Poġġi l-fażola mneħħija f'cooker bil-mod għal 4 sa 6 kwarti; żid it-taħlita tat-tagen u l-ingredjenti l-oħra kollha ħlief il-cilantro.
3. Għatti u sajjar fuq GĦOLJA għal 3-4 sigħat jew LOW għal 6-8 sigħat.
4. Roxx bil-cilantro eżatt qabel ma sservi.
5.
   Isservi 6.

Chilli Hotdogs

INGREDJENTI

- 1 lb hot dog

- 1 basla kbira, imqatta' fin

- 2 bottijiet taċ-chili bil-fażola (15-il uqija kull wieħed)

- 1 kuċċarina trab taċ-chili

- 120 g ġobon Cheddar maħkuk

- garżi tal-hot dog

PREPARAZZJONI

1. Għaqqad il-hot dogs, il-basla mqatta', il-bżar aħmar u t-trab taċ-chili fi cooker bil-mod; ħawwad sew.
2. Għatti u sajjar fuq baxx għal 6-9 sigħat jew għoli għal 3-4 sigħat. Ferra' z-zalza fuq il-hot dog rolls u fuq kull wieħed bi ftit ġobon maħkuk.
3. Isservi 6 sa 8.

Kustilji tal-pajjiż stil Ċiniż

INGREDJENTI

- 1/4 tazza soy sauce

- 1/4 tazza marmellata tal-larinġ

- 1 tablespoon ketchup

- 1 sinna kbira tewm, imfarrak

- 2 sa 3 lbs kustilji tal-majjal rustic bla għadam

PREPARAZZJONI

1. Għaqqad is-soy sauce, il-ġamm, il-ketchup u t-tewm.
2. Pinzell fuq iż-żewġ naħat tal-kustilji. Poġġi fi cooker bil-mod jew crockpot u ferra l-kumplament tas-zalza fuq kollox.
3. Għatti u sajjar fuq nar baxx għal 8-10 sigħat.
4. Isservi 6 sa 8.

Pranzu Ċiniż fi crock pot

INGREDJENTI

- 1 1/2 libbra steak jew flett tal-majjal, imqatta' fi strixxi ta' 1/2 pulzier
- 1 litru. basla mqatta
- 1 m2. bżar aħdar, imqatta'
- 8 oz. faqqiegħ frisk imqatta'
- 1 (8 oz.) bott ta' zalza tat-tadam
- 4 karrotti, imqatta'
- 3 tbsp. zokkor kannella
- 1 1/2 tbsp. ħall
- 1 1/2 tsp. melħ
- 2 kuċċarini. Zalza Worcestershire

PREPARAZZJONI

1. Brown l-istrixxi tal-majjal f'ammont żgħir ta 'żejt f'taġen. Neħħi xaħam żejjed. Poġġi l-ingredjenti kollha bil-majjal f'qasrija u sajjar fuq nar baxx għal 6-8 sigħat.
2. Servi ma' ross imsajjar jaħraq.

Majjal mixwi Ċiniż

INGREDJENTI

• 1 spalla tal-majjal mixwi, madwar 4 lbs

• 1 kuċċarina melħ

• 2 kuċċarini ta 'trab tal-curry

• 2 tablespoons ta 'żejt veġetali

• 1 bott (10 3/4 uqija) ta 'krema kkondensata ta' soppa tal-faqqiegħ jew krema tal-karfus

• 1/4 tazza ilma kiesaħ kiesaħ

• 2 imgħaref dqiq għal kull skop

• 16-il uqija ħaxix imħallat Ċiniż iffriżat, imsajjar sakemm iqarmeċ

•
2 tazzi ross sħun imsajjar

PREPARAZZJONI

1. Ittrimmja xaħam żejjed mill-ixwi; ittrimmja biex taqbel mal-cooker tal-partikolari jekk meħtieġ. Għaqqad melħ u 1/2 kuċċarina trab tal-curry; Togħrok f'xiwi. Brown l-ixwi min-naħat kollha fiż-żejt jaħraq. Poġġi l-ixwi fuq xtilliera jew biċċa fojl tal-aluminju mgħaffeġ f'qasrija. Għaqqad is-soppa tal-faqqiegħ u 1 1/2 kuċċarini li jifdal trab tal-curry; ferra fuq ixwi tal-majjal. Għatti u sajjar f'temperatura baxxa għal 8-10 sigħat. Neħħi l-ixwi fuq platter u żomm sħun.
2. Ferra l-meraq ġo kazzola; jeħles minn xaħam żejjed. Halli l-meraq jagħli fuq il-fuklar; ħalliha ttektek għal 15-il minuta. Hawwad bil-mod l-ilma kiesaħ fid-dqiq, ħawwad sakemm ikun bla xkiel; ħawwad fil-meraq. Sajjar u ħawwad sakemm jitħaxxen; servi bil-ħaxix imsajjar sħun, ross imsajjar sħun u majjal mixwi.
3. Għal 8 porzjonijiet.

Choppin' John

INGREDJENTI

- 2 bottijiet (15 oz) cowpeas, imsaffi
- 4 chops tal-majjal affumikat
- 1 stick tal-karfus
- Bżar aħdar 1, imqatta ', jew uża nofs aħdar u nofs aħmar
- 1 basla kbira, imqatta
- 2 sinniet tewm, ikkapuljat
- 1 kuċċarina zalza Worcestershire
- 3 imgħaref zokkor ismar
- 2 imgħaref ketchup
- 1 bżar jalapeno, imqatta' jew skont it-togħma (mhux obbligatorju)
- Melħ u bżar għat-togħma

PREPARAZZJONI

1. Għaqqad l-ingredjenti kollha fi cooker bil-mod/crock pot. Għatti u sajjar fuq nar baxx għal 6-8 sigħat. Servi fuq ir-ross bil-cornbread!
2. Ir-riċetta ta' Hoppin' John isservi 4.

Ċatni tal-flett tal-majjal

INGREDJENTI

- 1 mixwi tal-majjal bla għadam, madwar 3-4 lbs jew hekk
- 1 basla ħelwa kbira, imqatta'
- Melħ u bżar
- 1/2 kuċċarina trab tat-tewm jew 1 sinna żgħira tat-tewm, imqatta' fin
- 1 vażett (12 oz) mango jew chutney tal-ħawħ
- 2 imgħaref ta 'zokkor ismar
- 1 tablespoon ta 'mustarda tal-qamħ
- 1/2 kuċċarina ġinġer mitħun
- 1 kuċċarina trab tal-curry

PREPARAZZJONI

1. Aħsel ix-xiwi u nixxef; ittrimmja xaħam żejjed.

2. Poġġi l-basla mqatta' fil-qiegħ ta' cooker bil-mod ta' 5 sa 7 kwarti. Ħafif melħ u bżar l-ixwi, imbagħad togħrok bit-trab tat-tewm jew it-tewm frisk ikkapuljat. Poġġi l-ixwi fil-cooker bil-mod. Għaqqad l-ingredjenti li jifdal u ferra fuq ixwi. Għatti u sajjar fuq GHOLJA għal siegħa, imbagħad naqqas għal LOW u sajjar għal 6-8 sigħat aktar, jew kompli sajjar fuq GHOLJA għal 3-4 sigħat oħra.
3. L-ixwi għandu jirreġistra mill-inqas 160° fuq termometru li jinqara instantanament jew termometru tal-laħam imdaħħal fiċ-ċentru tal-ixwi.
4. Neħħi l-ixwi mill-borma u żommu sħun; ferra meraq ġo kazzola medja. Ttektek il-meraq għal madwar 5-8 minuti biex tnaqqashom b'madwar terz. Għaqqad 1 tablespoon lamtu tal-qamħirrun ma 'tablespoon ilma kiesaħ, ħawwad sakemm bla xkiel. Ħawwad it-taħlita tal-lamtu tal-qamħirrun fil-meraq u kompli sajjar madwar minuta, sakemm jeħxen.
5. Isservi 6 sa 8.

Majjal mixwi fis-sidru

INGREDJENTI

- 2 basal medju, imqatta' bin-nofs u mqatta'
- 1 spalla tal-majjal bla għadam jew flett, 3 1/2 sa 4 1/2 libbra
- 4 sa 6 karrotti, maqtugħin f'biċċiet ta '1 pulzier
- 2 sinniet tewm, ikkapuljat
- 1/2 kuċċarina melħ
- 1/8 kuċċarina bżar
- 1/2 kuċċarina allspice
- 1 kuċċarina trab taċ-chili
- 1 kuċċarina ta' marjoram imnixxef jew weraq tas-sagħtar
- 2 tazzi ta 'meraq tat-tuffieħ naturali jew sidru
- 2 imgħaref ħall tas-sidru

PREPARAZZJONI

1. Irranġa l-basal fil-qiegħ tal-cooker bil-mod.
2. Ħalli x-xibka fuq ix-xiwi tal-majjal u poġġiha fil-cooker bil-mod.
3. Irranġa karrotti madwar ixwi; sprinkle ixwi bit-tewm, melħ, bżar, allspice, trab taċ-chili, u marjoram jew sagħtar. Għaqqad il-meraq u l-ħall u ferra fuq ix-xiwi.
4. Għatti u sajjar fuq GĦOLJA għal siegħa. Naqqas is-sħana għal LOW u sajjar 6-8 sigħat aktar, jew ħallih GĦOLJA 3-4 sigħat aktar.

5. Ferra l-meraq ġo kazzola u ħallih jagħli fuq in-nar. Naqqas għal medju u kompli għalli għal 5 minuti.
6. Għaqqad id-dqiq u l-ilma kiesaħ sakemm tkun lixxa; whisk fil-meraq sħun. Kompli sajjar u ħawwad sakemm jeħxien. Servi mal-majjal.
7. Isservi 6 sa 8.

Peržut tas-sidru ħelu

INGREDJENTI

- 1 peržut imsajjar għal kollox, madwar 3 lbs

- 4 tazzi (32 oz) sidru tat-tuffieħ jew meraq tat-tuffieħ

- 2 kuċċarini mustarda niexfa

- 1 tazza zokkor ismar, ippakkjat sewwa

- 1/2 kuċċarina sinniet mitħun

- 1/4 kuċċarina allspice

- niskata noċemuskata

- 2 tazzi żbib tad-deheb

PREPARAZZJONI
1. Poġġi l-peržut b'biżżejjed sidru biex jgħattih fil-slow cooker/crock pot u sajjar fuq nar baxx għal 10 sa 12-il siegħa.

Mac 'n Cheese confetti bil-Peržut

INGREDJENTI

- 1 porzjon ta 'peržut qatgħa taċ-ċentru, 12 sa 16 uqija, imqatta' f'dadi
- 1 zokk tal-karfus, imqatta '
- 1 tablespoon basla mnixxfa mqatta ', jew uża basla friska mqatta'
- 2 kuċċarini tursin imnixxef
- 1 kuċċarina ta 'żerriegħa tal-karfus
- Pakkett 1 (8 oz) Kraft® Classic Melts ċana tal-ġobon cheddar Amerikan jew ġobon string Amerikan
- 1 bott (10 3/4 oz) krema kkondensata tas-soppa tal-karfus, mhux dilwita
- 1 bott ta 'tadam imqatta' bil-meraq
- 1 tazza ħaxix imħallat iffriżat (piżelli, karrotti, fażola ħadra), imdewweb
- bżar iswed għat-togħma
- 5 sa 6 tazzi ta 'imqarrun imsajjar sħun

PREPARAZZJONI

1. Għaqqad l-ingredjenti kollha, ħlief il-ħaxix imħallat u l-imqarrun, fil-cooker bil-mod jew crockpot. Għatti u sajjar fuq nar baxx għal 6-7 sigħat. Żid il-ħodor madwar siegħa qabel isservi (jew poġġihom fil-microwave u żidhom eżatt qabel isservi). Sajjar il-imqarrun sakemm isiru teneri; drain. Ferra t-taħlita tal-crockpot fi skutella kbira li sservi. Żid il-imqarrun (ftit inqas mill-kwantità kollha jekk togħġobkom pikkanti ħafna).
2. Riċetti tal-Mqarrun u Ġobon Crockpot 4 sa 6.

Crockpot tal-qamħ u l-perżut

INGREDJENTI

- 3 tazzi qamħirrum sħiħ iffriżat, imdewweb
- 1 u 1/2 tazza ta 'perżut dgħif imqatta'
- 1/2 tazza basla mqatta' fin
- 1/4 tazza basla ħadra mqatta
- 1/2 tazza bżar aħdar imqatta' jew bżar aħmar jew taħlita
- 1 bott (10 3/4 uqija) ta 'krema kkondensata ta' soppa tal-faqqiegħ
- 1/8 kuċċarina bżar iswed mitħun
- 3/4 tazza ġobon Cheddar maħkuk

PREPARAZZJONI

1. Roxx il-kisja tal-crockpot bi sprej tat-tisjir jew togħrok ħafif biż-żejt. Fi crockpot, għaqqad il-qamħ, il-perżut, il-basla u l-basla ħadra, il-bżar aħdar, is-soppa tal-faqqiegħ u l-bżar. Ħawwad il-ġobon cheddar. Għatti u sajjar fuq LOW għal 4 1/2 sa 6 sigħat.
2. Isservi 4 sa 6.

Scallops Corn, Peržut u Patata

INGREDJENTI

- 6 tazzi patata moħmija mqaxxra, maqtugħa f'kubi ta '1 pulzier
- 1 1/2 tazza peržut imsajjar imqatta', ċanga jew laħam jew tjur ieħor li jifdal
- 1 sa 1 1/2 tazza qamħirrum sħiħ, minn bottijiet jew iffriżat imdewweb
- 1/4 tazza bżar aħdar imqatta' fin
- 1/4 tazza basla mqatta' fin
- 1 bott (10 3/4 uqija) ta 'soppa tal-ġobon cheddar ikkondensat
- 1/2 tazza ħalib
- 2 imgħaref dqiq għal kull skop

PREPARAZZJONI

1. Fi cooker bil-mod, għaqqad patata mqatta, periut, qamħ, biar qampiena u basal; ħawwad biex tħallat sew.
2. Fi skutella żgħira, għaqqad is-soppa, il-ħalib u d-dqiq; ħallat sakemm tkun lixxa. Ferra t-taħlita tas-soppa fuq it-taħlita tal-ħxejjex; ħawwad sewwa biex tħallat.
3. Għatti u sajjar fuq LOW għal 7-9 sigħat, jew sakemm il-patata tkun delikata.

Chops tal-majjal mimli bil-qamħ

INGREDJENTI

- 6 chops ħoxnin tal-majjal, 1 sa 2 pulzieri ħoxnin
- 3/4 tazza qlub tal-qamħirrum imdewweb jew iffriżat fil-laned, imsaffi
- 1 tazza frak tal-ħobż artab
- 1 kuċċarina basla, ikkapuljat
- 2 imgħaref bżar aħdar, imqatta '
- 1 kuċċarina melħ
- 1/2 kuċċarina ta 'weraq imnixxef salvja mfarrka

PREPARAZZJONI

1. B'sikkina li taqta', agħmel qatgħa orizzontali fil-ġenb ta' kull chop li tifforma but għall-mili. Ħawwad qamħ mhux imsaffi, frak tal-ħobż, basla, bżar, melħ u salvja. Ferra t-taħlita tal-qamħirrun fis-slots. Sikura bi toothpicks jew skewers żgħar. Poġġi fuq xtilliera tal-metall jew trivet crockpot. Jew, crumple fojl tal-aluminju biex tagħmel grill improvvisa. Għatti u sajjar fuq LOW għal 6-8 sigħat, sakemm il-majjal ikun delikat.
2. Għal 4-6 porzjonijiet.

Majjal tal-pajjiż bil-faqqiegħ

INGREDJENTI

- 2 liri kustilji qosra stil country, bla għadam

- 1 bott ta 'soppa tal-faqqiegħ

- 4 uqija faqqiegħ imqatta'

- 1/4 kuċċarina melħ

- 1 borża ta 'zalza tal-faqqiegħ imħallat

- 1/8 kuċċarina bżar

- 1/2 kuċċarina paprika ħelwa

- 2 tablespoons ilma kiesaħ imħallat ma 1 heaping tablespoon dqiq għal kull skop

PREPARAZZJONI

1. Għaqqad il-kustilji bla għadam, soppa, faqqiegħ, melħ, bżar, gravy u paprika f'qasrija. Għatti u sajjar fuq LOW għal 7-9 sigħat. Ħawwad it-taħlita tad-dqiq fil-brodu u sajjar fuq GĦOLJA għal 15-il minuta oħra, jew sakemm tiħaxxen. Servi l-istil tal-bidwi tal-kustilji bil-patata maxx u qamħ.
2. Riċetti tal-Kustilji tal-Bidwi 6.

Kustilji stil peasant u sauerkraut

INGREDJENTI

- qartas 1 ta 'sauerkraut, mlaħalħa u mneħħija
- 1 basla
- 1 tuffieħ bil-qoxra ħamra
- Kustilji tal-majjal ta 'stil ta' pajjiż 2 sa 3 lbs
-
1 tazza birra

PREPARAZZJONI

1. Poġġi s-sauerkraut fil-qiegħ tas-slow cooker/crock pot. Żid il-basla mqatta' u t-tuffieħ imqatta'. Mhuwiex meħtieġ li titqaxxar it-tuffieħ. Hallat u livell. Saffi l-kustilji tal-pajjiż fuq it-taħlita tas-sauerkraut. Ferra l-birra fuq kollox. Għatti u sajjar fuq nar baxx għal 8 sa 10 sigħat.
2. Isservi 4 sa 6.

Majjal tal-pajjiż bil-faqqiegħ

INGREDJENTI

- 2 liri kustilji qosra stil country, bla għadam

- 1 bott ta 'soppa tal-faqqiegħ

- 4 uqija faqqiegħ imqatta'

- 1/4 kuċċarina melħ

- 1 borża ta 'zalza tal-faqqiegħ imħallat

- 1/8 kuċċarina bżar

- 1/2 kuċċarina paprika ħelwa

- 2 tablespoons ilma kiesaħ imħallat ma 1 heaping tablespoon dqiq għal kull skop

PREPARAZZJONI

1. Għaqqad il-kustilji bla għadam, soppa, faqqiegħ, melħ, bżar, gravy u paprika f'qasrija. Għatti u sajjar fuq LOW għal 7-9 sigħat. Ħawwad it-taħlita tad-dqiq fil-brodu u sajjar fuq GĦOLJA għal 15-il minuta oħra, jew sakemm tiħaxxen. Servi l-istil tal-bidwi tal-kustilji bil-patata maxx u qamħ.
2. Riċetti tal-Kustilji tal-Bidwi 6.

Kustilji tal-majjal bit-tuffieħ u l-cranberries

INGREDJENTI

- 2 tazzi cranberries (8 oz)

- 1/3 tazza ġulepp tal-aġġru

- 1/3 tazza zokkor ismar ippakkjat

- 1/2 tazza ilma

- 1 tuffieħ Granny Smith, imqatta' dadi, madwar 1 tazza

- 1 kuċċarina mustarda ta' Dijon

- 1/4 kuċċarina kannella

- 1/4 kuċċarina mace jew noċemuskata

- 3 sa 4 libbra ta' kustilja qasira bla għadam ta' stil pajjiż

- Borża waħda (16-il uqija) ta' basal abjad żgħir iffriżat jew basla kbira mqatta'

- 1 tablespoon ta 'lamtu tal-qamħirrun imħallat ma' 1 jew 2 tablespoons ta 'ilma kiesaħ, fakultattiv•

PREPARAZZJONI

1. Fi kazzola, għaqqad il-cranberries, il-ġulepp, iz-zokkor ismar, l-ilma u t-tuffieħ; ħallih jagħli. Naqqas in-nar għal

medju-baxx u ħalliha ttektek għal 5 minuti. Ħallat mustarda, kannella u mace jew noċemuskata.
2. Irranġa l-basal fil-qiegħ tal-inserzjoni tad-dixx ta' cooker bil-mod ta' 5 sa 7 kwarti. Saffi l-kustilji tal-majjal fuq il-basal, imbagħad drixx iz-zalza tal-cranberry b'mod uniformi fuq kollox. Għatti u sajjar fuq LOW għal 7-9 sigħat, sakemm il-majjal ikun delikat.
3. Isservi 6 sa 8.

Ixwi tal-Majjal Cran-Apple

INGREDJENTI

- 1 flett tal-majjal (3 sa 4 lbs) bla għadam
- 2 sinniet tewm, ikkapuljat
- 1 bott sħiħ ta 'żalza cranberry
- 1/4 tazza zokkor ismar
- 1/2 tazza meraq tat-tuffieħ
- 2 tuffieħ, bil-qalba, imqaxxra u mqattgħin oħxon
- Melħ u bżar għat-togħma

PREPARAZZJONI

1. Poġġi l-ixwi fi cooker bil-mod; togħrok kollu bit-tewm ikkapuljat. Żid l-ingredjenti l-oħra u sajjar fuq nar baxx għal 7-9 sigħat. Il-majjal għandu jkun madwar 160° meta jkun imsajjar għal kollox. Servi bir-ross.
2. Isservi 4 sa 6.

Ixwi tal-Majjal tal-Cranberry

INGREDJENTI

-
- 1 mixwi tal-majjal irrumblat bla għadam
- 1 bott (16 oz) ta 'ġelatina jew cranberry sauce b'berries sħaħ
- 1/2 tazza zokkor granulat
- 1/4 tazza meraq tal-cranberry
- 1 kuċċarina mustarda niexfa
- 1/4 kuċċarina sinniet mitħun
- 2 imgħaref lamtu tal-qamħirrum
- 2 imgħaref ilma kiesaħ
- melħ

PREPARAZZJONI

1. Poġġi l-ixwi tal-majjal fil-cooker bil-mod. Fi skutella medja, maxx zalza cranberry; ħallat zokkor, meraq tal-cranberry, mustarda u qronfol. Ferra fuq ixwi. Għatti borma u sajjar fuq nar baxx għal 6 sa 8 sigħat jew sakemm ixwi tal-majjal ikun sarr. Il-majjal għandu jirreġistra 155 sa 160° meta jkun imsajjar. Neħħi l-ixwi tal-majjal u żommu sħun.
2. Xaħam xkumat mill-meraq; kejjel 2 tazzi - żid l-ilma jekk meħtieġ - u ferragħ ġo kazzola.
3. Hallih jagħli fuq nar medju għoli.
4. Ħallat il-lamtu tal-qamħirrun u l-ilma kiesaħ sakemm tkun lixxa; ħawwad fil-gravy. Kompli sajjar, ħawwad, sakemm jitħaxxen. Staġun bil-melħ u servi bil-majjal mixwi mqatta'.

Dan il-majjal huwa Delicious bir-ross, jew servut b'mili imħawwar u patata.

Peržut Krema u Brokkoli

INGREDJENTI

- 1/2 tazza. basla mqatta
- 3 tazzi peržut imqatta' jew uža tiġieġ imqatta' imsajjar jew dundjan
- 16 oz. Brokkoli mirqum iffriżat, imdewweb
- 1 bott ta 'krema kkondensata ta' soppa tal-faqqiegħ
- 1 važett (8 oz.) Ġobon bil-krema pasturizzat
- 1 bott (8 oz) qastan tal-ilma imqatta', imsaffi
- 1 tazza. ross konvertit mhux imsajjar
- 1/2 tazza ilma
- 1/2 tazza ħalib
- 1/2 tazza. karfus imqatta'
- 1/2 tsp. Bżar
- paprika (mhux obbligatorju)

PREPARAZZJONI

1. Fi cooker bil-mod, għaqqad il-perżut, il-brokkoli, is-soppa, il-ġobon tal-krema, il-qastan tal-ilma, ir-ross, il-ħalib, il-karfus, il-basla u l-bżar. Ħawwad sakemm titħallat. Invella l-wiċċ, timbotta r-ross fit-taħlita. Għatti u sajjar fuq livell għoli għal 2 sa 2 1/2 sigħat jew fuq baxx għal 4 sa 5 sigħat jew sakemm ir-ross u l-basla jkunu teneri, ħawwad kultant jekk possibbli. Iċċekkja lejn l-aħħar tat-tisjir biex tiżgura li r-ross ma jsirx wisq.

Majjal kremuż
INGREDJENTI

- 1/2 tazza basla mqatta
- 3 sinniet tat-tewm, ikkapuljat jew 3/4 kuċċarina trab tat-tewm
- 2 tuffieħ Granny Smith, imqaxxra, bil-qalba u mqatta'
- 2 kuċċarini zokkor
- 1/2 kuċċarina werqa tas-salvja mnixxfa u mfarrka
- 1/4 kuċċarina noċemuskata mitħun
- 1/8 kuċċarina bżar
- Flett tal-majjal bla għadam minn 2 sa 3 lb, mirqum u maqtugħ f'kubi ta' 1 pulzier
- 1/4 tazza dqiq għal kull skop
- 1/2 tazza inbid abjad niexef
- 1 tablespoon flimkien ma '2 kuċċarini ta' lamtu tal-qamħirrum
- 1/3 tazza krema għat-tarjola
- Melħ għat-togħma

PREPARAZZJONI

1. Fi cooker bil-mod għaqqad il-basla mqatta, it-tewm, it-tuffieħ, iz-zokkor, is-salvja u l-bżar. Dqiq il-kubi tal-majjal u żidhom mal-cooker bil-mod. Ferra l-inbid. Għatti u sajjar fuq LOW għal 7-9 sigħat. Fi skutella żgħira, ħallat flimkien il-lamtu tal-qamħirrun u l-krema tal-frosti. Dawwar il-cooker bil-mod għal GĦOLJA u ferra t-taħlita tal-majjal; sajjar għal 15 sa 20 minuta itwal. Staġun għat-togħma bil-melħ. Servi bil-cookies tal-qamħirrum jew cornbread.

Flett tal-majjal krema bil-ħaxix

INGREDJENTI

- 1 1/2 sa 2 lbs flett tal-majjal
- 1 kaboċċa żgħira, imqatta 'bejn wieħed u ieħor
- 1 basla medja, imqatta '
- 1 borża ta 'tħawwir stroganoff
- 1 borża ta 'zalza tal-faqqiegħ
- 1 bott ta 'krema tal-karfus
- 1/4 tazza ilma
- 1 kuċċarina taż-żerriegħa tal-kemmun
- bżar għat-togħma
- 1 jew 2 tazzi ta 'fażola ħadra ffriżata
- 1/3 tazza nofs u nofs

PREPARAZZJONI

1. Aqta 'l-majjal f'kubi ta' 1 pulzier; poġġi fi cooker bil-mod ta' 3 1/2-quart jew akbar. Żid il-basla u l-kaboċċi. Għaqqad it-taħlita stroganoff, gravy, soppa, ilma, żrieragħ kemmun, u bżar; ferra fuq it-taħlita tal-majjal u ħawwad biex iksi. Għatti u sajjar fuq baxx 7-9 sigħat. Madwar 30 minuta qabel ma sservi, żid għall-għoli u żid il-fażola ħadra ffriżata. Żid nofs u nofs eżatt qabel ma sservi. Delicious fuq tagliatelle jew servuti bil-gallettini.
2. Isservi 6.

Qxur kremi bil-perżut affumikat u ġobon

INGREDJENTI

- 12 oz perżut imqatta'
- 1 bott ta 'krema tal-karfus
- 8 uqija ġobon Gouda affumikat
- bżar iswed għat-togħma
- 1 tazza ta 'ħaxix iffriżat, brokkoli mqatta' jew imħallat
- 3 tazzi qxur imsajjar jew imqarrun
- 1/4 tazza ħalib evaporat xkumat

PREPARAZZJONI

1. Fi crockpot, 3 1/2 kwarti sa 5 kwarti, għaqqad il-perżut, soppa, ġobon, u bżar. Għatti u sajjar fuq nar baxx għal 4 sa 5 sigħat. Żid ħaxix iffriżat 30 minuta qabel isservi. Żid il-ħalib biex iddilwixxi; żid l-għaġin sħun imsajjar u servi.
2. Qxur kremi bil-perżut u ġobon riċetta għal 4 persuni.

Tiġieġ Kreol Biz-Zalzett

INGREDJENTI

- 1 1/2 libbra koxox tat-tiġieġ bla għadam, maqtugħin f'biċċiet
- 12-il uqija zalzett andouille affumikat, imqatta 'f'tulijiet ta' 1 sa 2 pulzieri
- 1 tazza basal imqatta
- 3/4 tazza brodu tat-tiġieġ jew ilma
- 1 bott (14.5 oz) tadam imqatta'
- 1 bott (6 oz) pejst tat-tadam
- 2 kuċċarini tħawwir Cajun jew Creole
- niskata bżar cayenne, għat-togħma
- 1 bżar aħdar, imqatta '
- Melħ u bżar għat-togħma
- ross sħun imsajjar ismar jew abjad jew spagetti imsajjar imsajjar

PREPARAZZJONI

1. Fi cooker bil-mod, għaqqad il-biċċiet tar-riġlejn tat-tiġieġ, biċċiet taz-zalzett andouille, basal imqatta ', brodu jew ilma,

tadam (bil-meraq tagħhom), pejst tat-tadam, tħawwir Creole, u bżar Cayenne.
2. Għatti u sajjar it-taħlita tat-tiġieġ u z-zalzett fuq LOW għal 6-7 sigħat. Żid il-bżar aħdar imqatta madwar siegħa qabel sajjar id-dixx. Dawwar u żid il-melħ u l-bżar, jekk meħtieġ.
3. Servi dan id-dixx savory tat-tiġieġ u z-zalzett fuq ross mgħolli sħun, jew servih bi spagetti jew għaġin tax-xagħar tal-anġlu.
4. Isservi 6.

Peržut tal-Fuħħar

INGREDJENTI

- 1 peržut imsajjar għal kollox, madwar 5-7 liri (fuq jew mingħajr l-għadam, il-warrani jew nofs ix-xarba)
- imsiemer tal-qronfol sħaħ
- 1/2 tazza ġelatina tal-passolina
- 1 tablespoon ħall
- 1/2 kuċċarina mustarda niexfa
- 1/2 kuċċarina kannella mitħun

PREPARAZZJONI

1. Poġġi xtilliera tal-metall jew trivet (jew fojl tal-aluminju mgħaffeġ "grilja") fil-borma u poġġi l-peržut fuq nett. Għatti u ħalliha ttektek fuq nar baxx għal 5 sa 6 sigħat. Neħħi l-peržut u ferra l-meraq; neħħi l-ġilda u x-xaħam. Carve peržut u żiemel bi qronfol sħaħ. F'kazzola, ħoll il-ġelatina mal-ħall, il-mustarda u l-kannella. Neħħi l-ixkaffa tal-wajer jew trivet. Erġa' lura l-peržut fil-borma u ferra z-zalza fuq il-peržut maqtugħ. Għatti u sajjar bil-qawwa kollha għal 20-30 minuta, xkupiljar kultant biż-zalza.
2. Qatta u servi l-peržut sħun jew kiesaħ.

Carnitas fi crock pot

INGREDJENTI

- Ixwi tal-ispalla tal-majjal 2 sa 4 lbs
- 4 sinniet tat-tewm, imqaxxra, kull sinna maqtugħa f'4 biċċiet
- 1 bżar jalapeño frisk
- 1 mazz kosbor frisk
- 1 bott birra (12 oz)
- Tortillas tal-Qamħirrum

PREPARAZZJONI

1. B'sikkina, agħmel xi qasmiet żgħar fl-ixwi. Daħħal biċċiet tas-sinniet tat-tewm fil-mixwi; poġġi ġo borma tal-fuħħar bil-bżar sħiħ u nofs mazz kosbor imqatta. Staġun għat-togħma. Ferra l-birra. Sajjar fuq GĦOLJA 4 sa 6 sigħat sakemm il-furketta tispiċċa (BAXX 9 sa 11-il siegħa). Neħħi l-laħam; imqatta. Servi bi tortilla chips sħun, bl-għażla tiegħek ta 'platti sekondarji. Garnishes Suġġeriti: Tadam imqatta ', basal, żebbuġ misjur imqatta', ħass imqatta, krema qarsa, ġobon, salsa, guacamole, u cilantro.

Kustilji qosra jew kustilji crock

INGREDJENTI

- 6 jew 8 chops tal-majjal jew kustilji tal-majjal maqtugħin biex kważi timla l-cooker bil-mod

- .

- Zalza

- 1/4 tazza basla mqatta

- 1/2 tazza karfus imqatta'

- 1 tazza ketchup

- 1/2 tazza ilma

- 1/4 tazza meraq tal-lumi

- 2 tbsp. zokkor kannella

- 2 tbsp. Zalza Worcestershire

- 2 tbsp. ħall

- 1 tablespoon. mustarda

- 1/2 tsp. melħ

-

1/4 tsp. Bżar

PREPARAZZJONI

1. Jekk tuża kustilji żejda, għallihom jew ixwihom għal madwar 30 minuta biex tneħħi ftit mix-xaħam żejjed. Ixxotta u poġġi ġo crockpot.
2. Ħallat l-ingredjenti taz-zalza flimkien u ferra fuq il-kustilji jew chops tal-borma. Aħmi għal 8-10 sigħat, sakemm tkun offerta. Servi ma' ross jew patata sħun imsajjar.
3. Isservi 6.

Crockpot Cola Ham

INGREDJENTI

- 1/2 tazza zokkor ismar

- 1 kuċċarina mustarda niexfa

- 1/4 tazza kola (Kokk, Dr. Pepper, eċċ.)

- Perżut imsajjar minn qabel 3 sa 4 lbs

PREPARAZZJONI

1. Għaqqad iz-zokkor ismar u l-mustarda. Nixarrab bil-kola biss biżżejjed biex tikseb pejst lixx. Irriżerva l-bqija tal-kola. Score l-perżut b'qatgħat baxxi f'forma ta 'djamant. Ogħrok il-perżut mat-taħlita tal-pejst. Poġġi l-perżut fil-slow cooker/crock pot u żid il-kokk li jkun fadal. Għatti u sajjar fuq għoli għal siegħa, imbagħad baxxi u sajjar għal 6 sa 7 sigħat.
2. Isservi minn 9 sa 12.
3. Perżut ta' 5lb jista' jissajjar f'cooker bil-mod akbar.
4. Sajjar għal siegħa għolja, imbagħad 8-10 sigħat fil-baxx.

Chops tal-majjal glorifikat fi crock pot

INGREDJENTI

- 6 chops tal-majjal (oħroġ għal madwar 1.5 lbs jew hekk iżda tista 'tagħmel aktar jew inqas għall-bżonnijiet tiegħek)

- 1 basla medja mqatta' (1/2 tazza)

- 1 bott (10-3/4 oz.) Krema Kondensata tas-Soppa tal-karfus

- 1/4 C. ilma

- bżar, għat-togħma

- taħlita ta' mili niexef fil-laned,

PREPARAZZJONI

1. Poġġi l-kustilji f'qasrija. Top bil-basal imqatta ', soppa kkondensata (diretta mill-bott), u 1/4 tazza ilma. Żid il-bżar għat-togħma. Għatti u sajjar il-ġurnata kollha (7 sa 8 sigħat) fuq LOW jew 1/2 jum (3 sa 4 sigħat) fuq GĦOLJA f'borma waħda. Tista 'wkoll żżid pakkett ta' mili niexef fil-laned (b'pakkett ta 'ħxejjex aromatiċi) fuq il-kustilji, imbagħad il-basal, is-soppa u l-ilma.
2. Kustilji oerhört niedja u offerta.

Perżut moħmi

INGREDJENTI

- 1 perżut żgħir

- meraq tat-tuffieħ biex tkopri

- 1 tazza zokkor ismar

- 2 tsp. trab tal-mustarda

- 1 kuċċarina. Imsiemer tal-qronfol

- 2 tazzi taż-żbib

PREPARAZZJONI

1. Sajjar il-perżut fil-meraq għal 8-10 sigħat fuq nar baxx. Qabel ma sservi, dawwar il-forn għal 375 grad. Agħmel pejst ta 'zokkor, mustarda, imsiemer tal-qronfol u madwar 1 tablespoon ta' meraq jaħraq. Ifrex fuq il-perżut. Poġġi l-perżut fuq trej u ferra l-meraq sħun u ż-żbib ġo tazza mimlija biha. Aħmi 30 minuta jew sakemm l-għaġina tinbidel fi glaze.

Crockpot Perżut U Patata

INGREDJENTI

- 6 sa 8 flieli ta 'perżut, imqatta' jew mill-perżut li jibqa', madwar 1/8 pulzier ħoxna
- 8-10 patata medja, imqaxxra u mqatta 'rqiqa
- 1 basla medja, imqaxxra u mqatta' rqiqa
- melħ u bżar
- 1 1/2 tazza ġobon Cheddar maħkuk
- 2 bottijiet ta 'krema kkondensata tal-karfus jew krema tal-faqqiegħ
- paprika

PREPARAZZJONI

1. Poġġi nofs il-perżut, il-patata u l-basal fi Crock Pot. Roxx bil-melħ u l-bżar, imbagħad 1 tazza ġobon imqatta. Żid il-perżut, il-patata u l-basal li jifdal u ferra' fuq is-soppa mhux dilwita. Roxx b'1/2 tazza ġobon u paprika li jifdal.
2. Għatti u sajjar fuq baxx għal 8 sigħat jew fuq għoli għal 4 sigħat.

Tetrazzini crockpot ham

INGREDJENTI

- 1 bott (10 3/4 uqija) ta 'krema kkondensata ta' soppa tal-karfus
- 1/2 tazza ħalib evaporat
- 1/2 tazza parmesan maħkuk
- 1 1/2 tazza perżut imsajjar imqatta'
- 8 uqija faqqiegħ imfellel, sautéed fi ftit butir
- 1/4 tazza inbid abjad niexef
- pakkett 1 spagetti (5 oz)
- 2 imgħaref butir, imdewweb
- Ġobon Parmesan

PREPARAZZJONI

1. Għaqqad l-ingredjenti kollha ħlief l-ispagetti u l-butir fi cooker bil-mod; ħawwad sew. Għatti u sajjar f'temperatura baxxa għal 6-8 sigħat.
2. Eżatt qabel ma sservi, sajjar l-ispagetti skont id-direzzjonijiet tal-pakkett; ixxotta u itfa' mal-butir. Ħawwad fit-taħlita tal-perżut fi cooker bil-mod. Roxx b'aktar Parmesan maħkuk eżatt qabel ma sservi.
3. Isservi 4.

Tiġieġ bl-għasel u l-ġinġer

INGREDJENTI

- 3 liri ta 'sider tat-tiġieġ mingħajr ġilda

- 1 1/4 pulzier għerq tal-ġinġer frisk, imqaxxar u mqatta 'b'mod fin

- 2 sinniet tewm, ikkapuljat

- 1/2 tazza soy sauce

- 1/2 tazza għasel

- 3 mgħaref sherry niexef

- 2 tablespoons ta 'lamtu tal-qamħirrun imħallat ma' 2 tablespoons ta 'ilma

PREPARAZZJONI

1. Għaqqad ġinġer, tewm, soy sauce, għasel u sherry fi skutella żgħira. Għaddas biċċiet tat-tiġieġ fiz-zalza; poġġi l-biċċiet tat-tiġieġ fi cooker bil-mod; ferra zalza li fadal fuq kollox. Għatti u sajjar fuq LOW għal madwar 6 sigħat.

2. Neħħi t-tiġieġ minn dixx sħun li jservi u ferra l-likwidi ġo skillet jew skillet. Ħallih jagħli u kompli tektek 3 sa 4 minuti biex tnaqqas ftit. Whish il-lamtu tal-qamħirrun fit-taħlita tas-salsa.

3. Sajjar fuq nar baxx sakemm jeħxien. Ferra ftit miz-zalza fuq it-tiġieġ u puree l-bqija.

4. Servi tiġieġ bir-ross jaħraq.

Tiġieġ grilled bl-għasel u patata ħelwa

INGREDJENTI

- 3 tazzi patata ħelwa mqaxxra u mqatta', madwar 2 patata ħelwa medja għal kbira
- 1 bott (8 oz) biċċiet tal-ananas fil-meraq, mhux imsoffi
- 1/2 tazza brodu tat-tiġieġ
- 1/4 tazza basla mqatta' fin
- 1/2 kuċċarina ġinġer mitħun
- 1/3 tazza zalza barbecue, favoriti tiegħek
- 2 imgħaref għasel
- 1/2 kuċċarina mustarda niexfa
- 4 sa 6 kwarti tar-riġlejn tat-tiġieġ (koxox bil-koxox, ġilda mingħajr ġilda

PREPARAZZJONI

1. Fi 3 1/2 sa 5-quart cooker bil-mod, għaqqad patata ħelwa, ananas ma 'meraq, stokk tat-tiġieġ, basla mqatta', u ġinġer mitħun; ħawwad biex tħallat sew. Fi skutella żgħira, għaqqad zalza barbecue, għasel, u mustarda niexfa; ħawwad biex tħallat sew. Iksi t-tiġieġ b'mod ġeneruż min-naħat kollha biz-zalza barbecue. Irranġa t-tiġieġ miksi f'saff wieħed fuq it-taħlita tal-patata ħelwa-ananas, ikkoinċidi jekk meħtieġ. Ferra l-bqija tat-taħlita ta' zalza barbecue fuq it-tiġieġ.

2. Kopertura; ħalliha ttektek 7 sa 9 sigħat jew sakemm it-tiġieġ ikun sarr u l-meraq ikun ċar u l-patata ħelwa tkun delikata.

3. Isservi 4 sa 6.

Tiġieġ Hoisin tal-Għasel

INGREDJENTI

- 2 sa 3 lb partijiet tat-tiġieġ (jew tiġieġ sħiħ, imqatta')

- 2 imgħaref soy sauce

- 2 imgħaref zalza hoisin

- 2 imgħaref għasel

- 2 mgħaref inbid abjad niexef

- 1 tablespoon ta 'għeruq tal-ġinġer maħkuk jew 1 kuċċarina ta' ġinġer mitħun

- 1/8 kuċċarina bżar iswed mitħun

- 2 imgħaref lamtu tal-qamħirrum

- 2 imgħaref ilma

PREPARAZZJONI

1. Aħsel it-tiġieġ u nixxfu; poġġi fuq il-qiegħ tal-cooker bil-mod.

2. Għaqqad is-soy sauce, hoisin sauce, għasel, inbid, ġinġer u bżar. Ferra ż-zalza fuq it-tiġieġ.

3. Għatti u sajjar fuq nar baxx madwar 5 1/2-8 sigħat, jew sakemm it-tiġieġ ikun sarr u l-meraq ikun ċar.

4. Ħallat il-lamtu tal-qamħirrun u l-ilma.

5. Neħħi t-tiġieġ minn cooker bil-mod; dawwarha u żid it-taħlita tal-lamtu tal-qamħirrun-ilma.

6. Kompli sajjar sakemm jitħaxxen u żid it-tiġieġ fil-cooker bil-mod biex tissaħħan.

Tiġieġ Taljan

INGREDJENTI

- 4 sider tat-tiġieġ, bla għadam, maqtugħin f'biċċiet daqs gidma
- 1 - 16 oz. bott tat-tadam, imqatta
- 1 bżar aħdar ħelu kbir, imqatta 'f' dadi
- 1 basla żgħira biex issajjar, imqatta' f'dadi
- 1 stick medju ta 'karfus, imqatta'
- 1 zunnarija medja, imqaxxra u mqatta' dadi
- 1 werqa tar-rand
- 1 kuċċarina oregano imnixxef
- 1 kuċċarina ħabaq imnixxef
- 1/2 kuċċarina sagħtar imnixxef, mhux obbligatorju
- 2 sinniet tewm, ikkapuljat; JEW 2 tsp. trab tat-tewm
- 1/2 kuċċarina melħ
- 1/2 kuċċarina qxur tal-bżar aħmar, jew għat-togħma
- 1/2 tazza parmesan maħkuk jew ġobon romano

PREPARAZZJONI

1. Għaqqad l-ingredjenti kollha, ħlief il-ġobon maħkuk, fil-cooker bil-mod.

2. Għatti u sajjar fuq nar baxx għal 6-8 sigħat. Neħħi l-werqa tar-rand u roxx bil-ġobon maħkuk qabel ma sservi.

3. Tajjeb fuq ir-ross jew l-għaġin

www.ingramcontent.com/pod-product-compliance
Lightning Source LLC
Chambersburg PA
CBHW070402120526
44590CB00014B/1229